"浙学大家"丛书

浙江省习近平新时代中国特色社会主义思想研究中心课题成果

# 六艺一心
# 马一浮

吴　光　主编

邓新文　著

浙江人民出版社

**图书在版编目（CIP）数据**

六艺一心 ：马一浮 / 邓新文著 ；吴光主编.

杭州 ：浙江人民出版社，2025. 6. -- ISBN 978-7-213
-11955-2

Ⅰ. B261

中国国家版本馆CIP数据核字第20253MY125号

# 六艺一心：马一浮

邓新文 著 吴 光 主编

出版发行：浙江人民出版社(杭州市环城北路177号 邮编 310006)

市场部电话：(0571)85061682 85176516

责任编辑：王易天晓　　　　　　　　责任校对：陈 春

责任印务：程 琳　　　　　　　　　封面设计：厉 琳

电脑制版：杭州天一图文制作有限公司

印　　刷：杭州钱江彩色印务有限公司

开　　本：880毫米×1230毫米 1/32　印　张：9

字　　数：176.4千字　　　　　　　插　页：2

版　　次：2025年6月第1版　　　　印　次：2025年6月第1次印刷

书　　号：ISBN 978-7-213-11955-2

定　　价：68.00元

# "浙江文化研究工程成果文库"总序

习近平

有人将文化比作一条来自老祖宗而又流向未来的河，这是说文化的传统，通过纵向传承和横向传递，生生不息地影响和引领着人们的生存与发展；有人说文化是人类的思想、智慧、信仰、情感和生活的载体、方式和方法，这是将文化作为人们代代相传的生活方式的整体。我们说，文化为群体生活提供规范、方式与环境，文化通过传承为社会进步发挥基础作用，文化会促进或制约经济乃至整个社会的发展。文化的力量，已经深深熔铸在民族的生命力、创造力和凝聚力之中。

在人类文化演化的进程中，各种文化都在其内部生成众多的元素、层次与类型，由此决定了文化的多样性与复杂性。

中国文化的博大精深，来源于其内部生成的多姿多彩；中国文化的历久弥新，取决于其变迁过程中各种元素、层次、类型在内容和结构上通过碰撞、解构、融合而产生的革故鼎新的强大动力。

中国土地广袤、疆域辽阔，不同区域间因自然环境、经济环境、社会环境等诸多方面的差异，建构了不同的区域文化。区域文化如同百川归海，共同汇聚成中国文化的大传统，这种大传统如同春风化雨，渗透于各种区域文化之中。在这个过程中，区域文化如同清溪山泉潺潺不息，在中国文化的共同价值取向下，以自己的独特个性支撑着、引领着本地经济社会的发展。

从区域文化入手，对一地文化的历史与现状展开全面、系统、扎实、有序的研究，一方面可以借此梳理和弘扬当地的历史传统和文化资源，繁荣和丰富当代的先进文化建设活动，规划和指导未来的文化发展蓝图，增强文化软实力，为全面建设小康社会、加快推进社会主义现代化提供思想保证、精神动力、智力支持和舆论力量；另一方面，这也是深入了解中国文化、研究中国文化、发展中国文化、创新中国文化的重要途径之一。如今，区域文化研究日益受到各地重视，成为我国文化研究走向深入的一个重要标志。我们今天实施浙江文化研究工程，其目的和意义也在于此。

千百年来，浙江人民积淀和传承了一个底蕴深厚的文化传统。这种文化传统的独特性，正在于它令人惊叹的富于创造力的智慧和力量。

浙江文化中富于创造力的基因，早早地出现在其历史的源头。在浙江新石器时代最为著名的跨湖桥、河姆渡、马家浜和良渚的考古文化中，浙江先民们都以不同凡响的作为，在中华民族的文明之源留下了创造和进步的印记。

浙江人民在与时俱进的历史轨迹上一路走来，秉承富于创造力的文化传统，这深深地融汇在一代代浙江人民的血液中，体现在浙江人民的行为上，也在浙江历史上众多杰出人物身上得到充分展示。从大禹的因势利导、敬业治水，到勾践的卧薪尝胆、励精图治；从钱氏的保境安民、纳土归宋，到胡则的为官一任、造福一方；从岳飞、于谦的精忠报国、清白一生，到方孝孺、张苍水的刚正不阿、以身殉国；从沈括的博学多识、精研深究，到竺可桢的科学救国、求是一生；无论是陈亮、叶适的经世致用，还是黄宗羲的工商皆本；无论是王充、王阳明的批判、自觉，还是龚自珍、蔡元培的开明、开放，等等，都展示了浙江深厚的文化底蕴，凝聚了浙江人民求真务实的创造精神。

代代相传的文化创造的作为和精神，从观念、态度、行为方式和价值取向上，孕育、形成和发展了渊源有自的浙江地域文化传统和与时俱进的浙江文化精神，她滋育着浙江的生命力、催生着浙江的凝聚力、激发着浙江的创造力、培植着浙江的竞争力，激励着浙江人民永不自满、永不停息，在各个不同的历史时期不断地超越自我、创业奋进。

悠久深厚、意韵丰富的浙江文化传统，是历史赐予我们的宝贵财富，也是我们开拓未来的丰富资源和不竭动力。党的十六大以来推进浙江新发展的实践，使我们越来越深刻地认识到，与国家实施改革开放大政方针相伴随的浙江经济社会持续快速健康发展的深层原因，就在于浙江深厚的文化底蕴和文化传统与当今时代精神的有机结合，就在于发展先进生产力与发展先进文化的有机结合。今后一个时期浙江能否在全面建设小康社会、加快社会主义现代化建设进程中继续走在前列，很大程度上取决于我们对文化力量的深刻认识、对发展先进文化的高度自觉和对加快建设文化大省的工作力度。我们应该看到，文化的力量最终可以转化为物质的力量，文化的软实力最终可以转化为经济的硬实力。文化要素是综合竞争力的核心要素，文化资源是经济社会发展的重要资源，文化素质是领导者和劳动者的首要素质。因此，研究浙江文化的历史与现状，增强文化软实力，为浙江的现代化建设服务，是浙江人民的共同事业，也是浙江各级党委、政府的重要使命和责任。

2005年7月召开的中共浙江省委十一届八次全会，作出《关于加快建设文化大省的决定》，提出要从增强先进文化凝聚力、解放和发展生产力、增强社会公共服务能力入手，大力实施文明素质工程、文化精品工程、文化研究工程、文化保护工程、文化产业促进工程、文化阵地工程、文化传播工程、文化人才工程等"八项工程"，实施科教兴国和人才强国战略，加快建设教育、科技、卫生、体育等"四个强省"。作为文化建设"八项工程"之一的文化研究工程，其任务就是系统研究浙江文化的历史成就和当代发展，深入挖掘浙江文化底蕴、研究浙江现象、总结浙江经验、指导浙江未来的发展。

浙江文化研究工程将重点研究"今、古、人、文"四个方面，即围绕浙江当代发展问题研究、浙江历史文化专题研究、浙江名人研究、浙江历史文献整理四大板块，开展系统研究，出版系列丛书。在研究内容上，深入挖掘浙江文化底蕴，系统梳理和分析浙江历史文化的内部结构、变化规律和地域特色，坚持和发展浙江精神；研究浙江文化与其他地域文化的异同，厘清浙江文化在中国文化中的地位和相互影响的关系；围绕浙江生动的当代实践，深入解读浙江现象，总结浙江经验，指导浙江发展。在研究力量上，通过课题组织、出版资助、重点研究基地建设、加强省内外大院名校合作、整合各地各部门力量等途径，形成上下联动、学界互动的整体合力。在成果运用上，注重研究成果的学术价值和应用价值，充分发挥其认识世界、传承文明、创新理论、咨政育人、服务社会的重要作用。

我们希望通过实施浙江文化研究工程，努力用浙江历史教育浙江人民、用浙江文化熏陶浙江人民、用浙江精神鼓舞浙江人民、用浙江经验引领浙江人民，进一步激发浙江人民的无穷智慧和伟大创造能力，推动浙江实现又快又好发展。

今天，我们踏着来自历史的河流，受着一方百姓的期许，理应负起使命，至诚奉献，让我们的文化绵延不绝，让我们的创造生生不息。

2006 年 5 月 30 日于杭州

# "浙学大家"丛书总论

## 吴　光

## 一、引言

浙学概念的正式提出虽然始于南宋，但作为一种富有地域特色的学术文化形态则可以追溯到更远，大致萌芽于古越国而成形于秦汉时期的会稽郡时期。习近平同志在浙江工作期间，就很重视对浙学与浙江文化的研究，他曾多次到南孔圣地衢州调研考察，在 2005 年 9 月 6 日第五次到衢州调研时，曾指示："衢州历史悠久，是南孔圣地，孔子文化值得很好挖掘、大力弘扬，这一'子'要重重地落下去。"2004 年 10 月 27 日，习近平同志在致陈亮国际学术研讨会组委会的贺信中说："陈亮是我国著名的爱国主义者，杰出的思想家、文学家。他创立的永康学派，强调务实经世，为'浙江精神'提供了重要的历史文化内涵。研究陈亮学说，就是要探寻浙江优秀文化传统，在研究浙江现象、总结浙江经验、提炼'浙江精神'方面取得创造性成果，为我省经济发展、社会进步、文化繁荣，提供重要的精神动力。"2006年3月28日，习近平同志在致黄宗羲民本思想国际学术研讨会组委会的贺信中说："黄宗羲是我国明清之际杰出的思想家、史学家、文学家和教育家，是浙江历史上的文化伟人。他所具有的民主启蒙性质的民本思想，在中国思想文化史上产生了很大影响。"这些重要的贺信、讲话与指示，对于我们今天深入发掘浙学基本精神、开展"浙学大家"系列研究是有指导性意义的。

2023年春，浙江省文史研究馆领导委托我主持编写《浙学与治国理政》一书，主要作者是我与张宏敏研究员。该书出版后，在政界、学界和企业界颇受关注。省委宣传部领导赞同浙学的理念，并积极支持省文史馆组织写作团队策划名为"浙学大家"丛书的项目。于是，文史馆领导召集了多次有馆员与工作人员参加的会议，并组成了汇合馆内外专家参与的项目团队。大家推举我任丛书主编，并遴选了王充、吕祖谦、陈亮、叶适、王阳明、刘宗周、黄宗羲、章学诚、章太炎、马一浮等十大浙学名家作为"浙学大家"丛书第一辑立传对象，各卷作者则分别选定由白效咏、徐儒宗、董平（兼陈亮、王阳明二卷）、何俊、张宏敏、吴光、钱茂伟、宫云维、邓新文等九位专家担任。之所以选这十大浙学名家，是因为王充是浙学史上第一个有系统哲学思想和政治思想的思想家，可视为"浙学开山祖"。吕祖谦、陈亮、叶适分别是南宋浙学鼎盛时期的主要代表，王阳明、刘宗周是明代浙学的领袖，黄宗羲、章学诚则是清代浙东经史学派的创立者和理论代表,章太炎可谓集大成的浙学宗师,马一浮则是富有中华文化自信的杰出代表,被誉为"现代新儒家三圣之一"。总之,这些思想家既是浙学的代表,又各具独立的思想体系。这个项目经文史馆申报后很快获得浙江文化研究工程领导小组评审通过,被列为省重大社科研究项目。后续还将进一步推进"浙学大家"丛书编写工作。

## 二、"浙学"的文化渊源与思想内涵

既然叫"浙学大家"丛书,不能不就浙学的内涵、外延及其发展脉络、基本精神、当代价值等问题作出较为系统的论述。先从浙学的文化渊源谈起。

浙学之名,虽然始于南宋朱熹,但浙学之实源远流长,甚至可以追溯到史前浙江距今约7000年的"河姆渡文化"与距今约5000年的"良渚文化"等文物遗存。

首先需要强调的是,浙学并不是孤立的存在,而是华夏文化,也即大中华文化中一个具有鲜明地域特色的重要分支。作为地域文化的重要分支,她从古越国时代就已发端,在汉唐时期已具雏形,而在北宋时期形成学派,在南宋时期走向鼎盛,历经元明清以至近现代,绵延不断。总之,浙学在宋元明清时代蓬勃发展,逐渐从文化的边缘走向中心,在中华文化发展史上起到了重要作用。在习近平新时代中国特色社会主义思想的指引下,随着浙江经济社会的长足发展和学术文化的日益繁荣,人们对隐藏在蓬勃发展背后的文化动力日益关注并进行了深层次的探讨。

从地域文化的历史看，浙江在古代属于吴越文化地区。吴、越地区包括现在的苏南、上海和浙江全境，自古以来就有着密不可分的文化联系。据历史文献记载，"吴""越"的称谓始于殷周之际。据《史记·吴太伯世家》《吴越春秋》《越绝书》等书记载，3100多年前，周太王古公亶父的长子泰伯、次子仲雍，为了避让王位而东奔"荆蛮"，"自号勾吴"，"荆蛮义之，从而归之者千有余家，共立以为勾吴"①。后来，周武王伐纣胜利后，"追封太伯于吴"。到吴王阖闾时，国势强盛。其子夫差，一度称霸诸侯，国土及于今之江、浙、鲁、皖数省，后被越王勾践所灭，其地为越吞并。至于"越"之缘起，据史书所载，因夏禹死后葬于会稽②，夏后帝少康封其庶子于此，传二十余世而至允常、勾践父子，自立为越王，号"於越"（"於"读作"乌"）。其时吴越争霸，先是吴胜越败，后来越强灭吴，勾践称霸，再传六世而为楚所灭。

然而，作为诸侯国的吴、越虽然灭亡，但其所开辟的疆土名称及其文化习俗却一直传承发展至今。从地理而言，吴越分

---

① 《吴太伯传》，见赵晔撰、薛耀天译注：《吴越春秋译注》，天津古籍出版社1992年版，第4页。勾（句）吴，在今江苏无锡境内。

② 相传夏朝始祖大禹卒后葬于会稽山麓。今浙江绍兴东南郊的会稽山麓有"大禹陵"建筑群，由禹陵、禹祠、禹庙三大建筑组成。大禹陵始建于明嘉靖年间，清康熙年间重修，20世纪90年代又经绍兴市政府整修，现为全国重点文物保护单位。自1995年以来，当地政府每年都要举行公祭大会祭奠大禹。

属两地却有许多重叠，如"吴会"，或指会稽一郡，又指吴与会稽二郡；如"三吴"，既含吴地，又含越地，跨越今之江、浙、沪二省一市；如"吴山"，却不在吴都（今属苏州）而在越地（今属杭州）。正如《越绝书·纪策考》所记伍子胥言"吴越为邻，同俗并土"，以及同书《范伯》篇所记范蠡言"吴越二邦，同气共俗"。这说明吴、越地区的文化联系历来非常密切，其习俗也相当接近。这也是人们经常合称"吴越文化"的历史原因。

但严格地说，"吴越文化"是有吴文化与越文化的各自特色的。"吴文化"主要指苏南、上海地区的文化传承，"越文化"则主要是指今浙江地区的文化传承。考古发掘的材料已经确证：距今1万年左右的上山文化遗址①，距今8000年以上的跨湖桥文化（在今浙江杭州市萧山区境内）、距今7000年的河姆渡文化（在今浙江余姚市境内），以及稍后兴起的、距今4000—5000年的良渚文化（在今浙江余杭境内），以其在当时堪称先进的制陶、制玉工艺和打制、磨制、编制的石器、骨器、木器、竹器等生产工具、生活用具以及干栏式建筑，向全世界宣告了长江三角洲地区特别是浙江地区史前文明历史的悠久与发达。而在上古文明史上，浙江以其古越国、汉会稽郡、五代吴越国的辉煌历史著称于世。这一切，为浙江人文精神传统的形成及代表这个传统的"浙学"的形成提供了丰富厚重的历史依据。然而，

---

①上山文化遗址最早发现于浙江金华市浦江县上山村，属于新石器时代文化类型，距今8500—11000年。

从学术发展的脉络而言，作为一种具有地域文化特色的"浙学"的思想源头，可以追溯到东汉会稽郡上虞县的杰出思想家王充那里。我研究王充思想历有年所，于1983年6月发表的文章中概括了王充思想的根本特点是"实事疾妄"[①]，又于1993年10月在"全国首届陈亮学术研讨会"上明确提出"王充为浙学开山祖"[②]的观点。2004年，我在《简论浙学的内涵及其基本精神》一文中首次提出浙学内涵的狭义、中义、广义之别，拙文指出：

> 关于"浙学"的内涵，应该作狭义、中义与广义的区分。狭义的"浙学"（或称"小浙学"）概念是指发端于北宋、形成于南宋永嘉、永康地区以陈傅良、叶适、陈亮为代表的浙东事功之学；中义的"浙学"概念是指渊源于东汉、酝酿形成于两宋、转型于明代、发扬光大于清代的浙东经史之学，包括东汉会稽王充的"实事疾妄"之学、南宋金华之学、永嘉之学、永康之学、四明之学以及明代王阳明心学、刘宗周慎独之学和清代以黄宗羲、万斯同、全祖望为代表的浙东经史之学；广义的"浙学"概念即"大

---

① 吴光：《王充学说的根本特点——"实事疾妄"》，载《学术月刊》1983年第6期。

② 萧文在《全国首届陈亮学术讨论会综述》中指出，"对陈亮思想的渊源，前人无甚论说。吴光认为，首先是荀子，在先秦儒家中，他的富国强兵，关注现实的态度得到了陈亮充分的回应。其次是王充，作为浙学的开山祖，应该是陈亮思想的一个源头"。参见永康市陈亮研究会编：《陈亮研究论文集》，杭州大学出版社1994年版，第212页。

浙学"概念，指的是渊源于古越、兴盛于宋元明清而绵延
于当代的浙江学术思想传统与人文精神传统。这个"大浙
学"，是狭义"浙学"与中义"浙学"概念的外延，既包括
浙东之学，也包括浙西之学；既包括浙江的儒学与经学传
统，也包括浙江的佛学、道学、文学、史学、方志学等人
文社会科学传统，甚至在一定意义上涵盖了有浙江特色的
自然科学传统。当然，"大浙学"的主流，仍然是南宋以来
的浙东经史之学。①

　　我之所以将王充判定为"浙学开山祖"和中义浙学的源头，
首先是因为王充是浙江思想文化史上第一个建立了系统的哲学
理论、形成了思想体系的思想家。他的"实事疾妄"的学术宗
旨代表了务实、批判的实学精神，"先富后教"②的治理主张代
表了民生为重的民本精神，"文为世用"③的主张则体现了经世
致用的实学精神，"德力具足"的"治国之道"④体现了一种儒

①吴光：《简论"浙学"的内涵及其基本精神》，载《浙江社会科学》2004年第6期。
②"先富而后教"的思想，见《论衡·问孔篇》中引用孔子答学生冉求之语。尽管王
充认为此语与孔子答子贡"去食存信"的思想有矛盾，但显然王充是主张"富而后教"
观点的。
③《论衡·自纪篇》曰："（文）为世用者百篇无害，不为用者一章无补。"这句话强
调文章须为世用，正是一种"经世致用"的观念。
④《论衡·非韩篇》曰："治国之道，所养有二：一曰养德，二曰养力。养德者，养名
高之人，以示能敬贤；养力者，养气力之士，以明能用兵。此所谓文武张设，德力具
足者也。"显然这是儒法兼治的政治思想。

法兼容的多元包容精神。而这些正是宋元明清乃至近现代薪火相传的"浙学"基本精神。其次，王充的《论衡》及其"实事疾妄"思想极大地影响了后世学者、思想家，尤其是浙学家。我曾系统检索《四库全书》电子版等工具书，竟有重大发现可以佐证"王充是浙学开山祖"观点：非浙籍名家中，有范晔、韩愈、王夫之、顾炎武、方以智、惠栋等数十人引用了《论衡》。浙籍名家中，则有高似孙、毛晃、吕祖谦、王应麟、黄震、方孝孺、黄宗羲、万斯同、陆陇其、朱彝尊、胡渭等名家引用了《论衡》。比如，南宋文献大师、鄞县人王应麟引《论衡》十一条，其《玉海》卷五十八《越纽录》云："王充《论衡》，吴君高之《越纽录》，周长生之《洞历》，刘子政、杨子云不能过也。"黄宗羲的高足、鄞县万斯同著《儒林宗派》，卷三将"王充，班彪门人"列为"诸儒兼通五经"者。清初浙西名儒如萧山人毛奇龄、德清人胡渭、平湖人陆陇其、嘉兴人朱彝尊等都多处征引王充《论衡》以伸其说。上述《四库全书》著者引用《论衡》的史料足以证明，王充及其《论衡》在中国学术思想史和浙江思想文化史上确有巨大影响，因此，我们誉之为"浙学开山祖"并不为过。

虽然王充本人影响较大，但王充时代并没有形成人才济济的"浙学"学派。"浙学"的直接源头还是北宋初期在湖州府因讲学闻名而被延请至太学讲学的安定先生胡瑗。诚如全祖望《宋元学案·士刘诸儒学案》叙录中所言："庆历之际，学统四起"，其中浙东、浙西之学"皆与安定湖学相应"，说明湖学是浙学的直接源头。但浙学的兴盛还是在永嘉、永康、金华、四明之学异军突起的南宋。到了明代中后期,以王阳明为宗主的姚江学派不仅遍及两浙,而且风靡全国,确立了良知心学。而在明清之际,刘宗周的慎独之学独树一帜,形成了涵盖两浙的蕺山学派;其高足弟子黄宗羲接踵而起,力倡重视经世实践的"力行"实学,开创了具有民主启蒙性质和实学特征的浙东经史学派,从而使"浙学"升华到深刻影响中国思想潮流的地位,成为推动近代思想解放和民主革命运动的思想大旗。

## 三、"浙学"的演变与学派分合

### (一)"浙学"内涵的延伸与扩展

过去,在论及浙江学术文化时,谈得较多的是"浙东学派"与"浙东史学",而忽略了起源更早的"浙学"之说。究其原委,盖因清代浙东史学家章学诚写了一篇题名《浙东学术》的文章,近代学术大师梁启超在20世纪初撰写了《清代学术概论》与《中国近三百年学术史》这两部名著,极力推崇"浙东学派"和"浙东史学"。

其实,"浙学"比"浙东学派"的概念要早出现400多年。最早是由南宋理学家朱熹(1130—1200)提出,而"浙东学派"的概念则始见于清初大儒黄宗羲(1610—1695)的著作。

朱熹论"浙学",一见于《晦庵集》卷五十《答程正思书》,曰:"浙学尤更丑陋,如潘叔昌、吕子约之徒,皆已深陷其中。不知当时传授师说，何故乖讹便至于此，深可痛恨！"再见于门人黎靖德编《朱子语类》，曰："江西之学（指陆九渊心学）只是禅，浙学（指永嘉、永康之说）却专是功利。禅学，后来学者摸索一上，无可摸索，自会转去。若功利，则学者习之便可见效，此意甚可忧。"①可见朱熹论浙学相当偏颇。然其论虽偏，但他最早提出"浙学"名称之功是不可抹杀的。

明代中期以后，阳明心学风靡两浙，"浙学"获得正面评价。时任浙江提学副使的福建晋江人刘鳞长编著《浙学宗传》一书，共立案44人，其中浙籍学者39人，非浙籍5人。其长在于涵盖了"两浙诸儒"，并将王阳明心学人物入传，已粗具"大浙学"的框架。然失之于简略，有以偏概全之弊。

"浙东学派"的概念首见于黄宗羲。黄宗羲在《移史馆论不宜立理学传书》一文中首次使用了"浙东学派"一词，他在该文批评当时明史馆修史诸公所传《修史条约·理学四款》之失，驳斥其所谓"浙东学派，最多流弊"之言说："有明学术，白沙（陈献章）开其端，至姚江（王阳明）而始大明。……逮及先师蕺山（刘宗周），学术流弊，救正殆尽。向无姚江，则学脉中绝；向无蕺山，则流弊充塞。凡海内之知学者，要皆东浙之所衣被也。今忘其衣被之功，徒訾其流弊之失，无乃刻乎！"②在

---

① 《陈君举》，见黎靖德编、王星贤点校：《朱子语类》第八册，中华书局1994年版，第2967页。

② 黄宗羲：《南雷诗文集·移史馆论不宜立理学传书》，见沈善洪主编、吴光执行主编：《黄宗羲全集》第十册，浙江古籍出版社2005年版，第221页。

这里，黄宗羲明确说明史馆诸臣已经批评了"浙东学派"的"流弊"（可见"浙东学派"一词的最早提出者应早于黄宗羲），并把王阳明心学和刘蕺山慎独之学归入浙东学派，等于建立了明清浙学的学术统系。据考证，黄氏还在明崇祯年间汇编过一部集数十名浙东学者著作于一编的《东浙文统》若干卷。但黄宗羲所谓学派，指的是学术脉络，并非现代意义的学派，他对"浙东学派"的理论内涵也未作出界定。

黄宗羲之后，首先是作为"梨洲私淑"的全祖望在所撰《宋元学案》中对"浙学"的内涵作了外延，并对浙学作了肯定性评价。如他在《宋元学案·士刘诸儒学案》叙录中称：

> 庆历之际，学统四起，齐、鲁则有士建中、刘颜夹辅泰山而兴；浙东则有明州杨、杜五子，永嘉之儒志、经行二子，浙西则有杭之吴存仁，皆与安定（胡瑗）湖学相应。[1]

此外，全氏在《周许诸儒学案》叙录中称"浙学之盛，实始于此（指永嘉九先生）"，在《北山四先生学案》叙录中称赞金华四先生（何基、王柏、金履祥、许谦）为"浙学之中兴"，在《东发学案》叙录中将四明朱学传人黄震归入"浙学"之列，

---

[1]全祖望：《宋元学案·士刘诸儒学案》，见沈善洪主编、吴光执行主编：《黄宗羲全集》第三册，浙江古籍出版社2005年版，第316页。

赞其"足以报先正拳拳浙学之意"。全祖望的"叙录"说明了三点：第一，他所说的"浙学"主要是指"浙东之学"，但也包括了"浙西之学"（如杭之吴存仁属浙西），其内部各派的学术渊源和为学宗旨不尽一致，但有共同特色；第二，他认为"浙东之学"与"浙西之学"的学术渊源，都与宋初大儒胡安定（瑗）在湖州讲学时形成的"湖学"相呼应。显然，在全祖望看来，安定"湖学"也属于"浙学"范围，而胡瑗湖学的根本宗旨就是"明体达用"；第三，"浙学"在当时的地位，堪与齐鲁之学、闽学、关学、蜀学相媲美，而且蔚为一大学统，对于宋、元学风有开创、启迪之功。

全祖望之后，乾嘉时代的浙东学者章学诚在《文史通义·浙东学术》中论述了"浙东之学"与"浙西之学"的异同，并分析了各自的学术渊源。他说：

> 浙东之学，虽出婺源，然自三袁之流，多宗江西陆氏，而通经服古，绝不空言德性，故不悖于朱子之教。至阳明王子，揭孟子之良知，复与朱子抵牾。蕺山刘氏，本良知而发明慎独，与朱子不合，亦不相诋也。梨洲黄氏，出蕺山刘氏之门，而开万氏弟兄经史之学；以至全氏祖望辈尚存其意，宗陆而不悖于朱者也。……世推顾亭林氏为开国儒宗，然自是浙西之学。不知同时有黄梨洲氏，出于浙东，虽与顾氏并峙，而上宗王、刘，下开二万，较之顾氏，源远而流长矣。顾氏宗朱，而黄氏宗陆。盖非讲学专家，各

持门户之见者，故互相推服，而不相非诋。学者不可无宗
主，而必不可有门户；故浙东、浙西，道并行而不悖也。
浙东贵专家，浙西尚博雅，各因其习而习也。……浙东之
学，言性命者必究于史，此其所以卓也。

在章学诚看来，"浙东之学"与"浙西之学"的学术渊源及
其学风虽有所不同，但都是儒家之学，其根本之道是可以并行
不悖、互相兼容的。

如果说宋元学者眼中的"浙学"仅限于金华、温州地区的
"婺学"与"永嘉、永康之学"的话，那么明末清初的黄宗羲、
全祖望已经将"浙学"的地域延伸到宁波、绍兴等大浙东地区，
而且所包含的学术流派也不限于"婺学"与"永嘉、永康之
学"，而是包括了"庆历五先生"、"甬上四先生"（即所谓"明
州学派"）以及姚江学派与蕺山学派。及至章学诚，他在《浙
东学术》中强调"浙东、浙西，道并行而不悖"的特色，这实
际上已是"大浙学"的观念了。

自章学诚以后，近现代以至当代的许多学者，从章炳麟、
梁启超、钱穆、何炳松、陈训慈到陈荣捷、金毓黻、杜维运、
何冠彪、詹海云，以及当代浙江籍的众多学者（如北京的方立
天、陈来、张义德，上海的冯契、谭其骧、潘富恩、罗义俊、
杨国荣，南京的洪焕椿，杭州的仓修良、王凤贤、吴光、董平、
何俊，宁波的管敏义，金华的黄灵庚，温州的周梦江，等等），
都发表过有影响的学术论著，从各个角度研讨、评论"浙学"

"浙东学派""浙东学术"的理论内涵、历史沿革、学术脉络、思想特色、根本精神、研究成果等问题，从而把对"浙学"的研究推向了一个"百花齐放，推陈出新"的新阶段。

那么，我们在当代应该如何定位"浙学"的思想内涵？我在上述《简论"浙学"的内涵及其基本精神》等文中，已经明确区分了"浙学"内涵的狭义、中义与广义之不同。

我认为，我们在总结浙江学术思想发展史时，必须对狭义、中义与广义的"浙学"分别加以系统的研究与整理，但站在当今建设浙江文化大省的立场上，则应采取广义的"浙学"概念，不但要对两浙经史之学作系统的研究，也要对浙江文学、艺术、科学、宗教等作系统的全方位的研究，而不应仅仅局限于"浙东学派"或"浙东史学"的视野。

如果从广义的"大浙学"视野观察与反思浙江的学术文化传统，那么显而易见的是，所谓"浙学"，是多个学派"和齐斟酌，多元互补，互相融通"而形成的一种地域性学术格局与学术传统，这个学术格局虽然异见纷呈，但也培养了共通的文化精神。

事实上，浙江这块土地虽有浙东、浙西之分，但仅仅一江之隔，从人文传统上无法将其截然分开或将两者对立起来。在浙江学术史上，浙东、浙西往往是你中有我、我中有你、关系密切、互相影响的。因此，我们在当代应当坚持"广义浙学"的研究方向。

（二）浙学的学派与人物

浙江在北宋以前，虽有名家（如王充、虞翻），但无学派。而自北宋以至民国，浙江大地名家辈出，学派林立，可谓盛矣。

1.北宋浙学

北宋浙学首推胡瑗与湖学。北宋初年，号称"宋初三先生"之一的安定先生胡瑗在湖州讲学，创立了"湖学"。

据《宋史·胡瑗传》记载，胡瑗以经术教授吴中（苏州），受到范仲淹的推荐，后教授湖州，教人有法，严守师弟子之礼。庆历中，兴太学，朝廷下湖州取其教学法树为典范。他在太学讲学，学舍至不能容。礼部所得士，瑗弟子十常居四五。《宋元学案·安定学案》"胡瑗"小传记载，胡瑗"以明体达用之学教诸生"，"始于苏、湖，终于太学。出其门者无虑数千余人"，其佼佼者如程颐、刘彝、范纯仁、钱公辅等，皆其太学弟子也。[1]

次推明州"庆历五先生"。杨适、杜醇、王致、王说、楼郁五子，以经史、实学为圭臬，传承发展儒学。

此外，二程弟子游酢在萧山，杨时在余杭、萧山从政期间也有讲学活动，故程颢有"吾道南矣"之叹。于是，以二程洛学为主的理学分别在浙西（杭州）、浙东（明州、永嘉）都有

---

[1]黄宗羲等：《宋元学案·安定学案》"胡瑗"小传，见沈善洪主编、吴光执行主编：《黄宗羲全集》第三册，浙江古籍出版社2005年版，第55—57页。

传播。

2.南宋浙学

以陈傅良、叶适为代表的永嘉学派，以陈亮为代表的永康学派，以吕祖谦为代表的金华婺学，以北山四先生何基、王柏、金履祥、许谦为代表的金华朱学，以浙东甬上四先生杨简、袁燮、舒璘、沈焕为代表的四明心学，形成南宋浙学之盛。

3.明代浙学——王阳明与姚江学派

王阳明一生活动足迹几乎遍及中国，其讲学活动也遍布大江南北，形成了姚江学派。姚江学派共有王门八派，其中浙中王门包括徐爱、钱德洪、王畿、季本、黄绾、董澐、陆澄等约20人。

4.明末刘宗周与蕺山学派

以明末大儒刘宗周为领袖的蕺山学派，其著名弟子有祁彪佳、张应鳌、刘汋、董瑒、黄宗羲、邵廷采、陈确、张履祥等35人。

5.黄宗羲与清代浙东经史学派

清代浙东经史学派的领袖人物是黄宗羲，其代表人物包括：以经学为主兼治史学的黄宗炎、万斯大，以史学为主兼治经学的万斯同、邵廷采、全祖望、章学诚，经史兼治而偏重文学的李邺嗣、郑梁、郑性，偏重历算的黄百家、陈訏、黄炳垕，偏重考据的邵晋涵、王梓材。

6.张履祥与清初浙西朱学

张履祥是刘宗周弟子，也是从蕺山学派分化而来的清初浙西朱学的领袖人物，其代表人物有吕留良、陆陇其等。

7.乾嘉考据学在浙江的展开

乾嘉考据学在浙江的代表主要是胡渭、姚际恒、杭世骏、严可均等，他们在文献辑佚、学术考辨方面各有贡献。

8.近现代浙学

近现代浙学名家辈出，有龚自珍、黄式三、黄以周、俞樾、孙诒让、章太炎、王国维、马一浮等经学家，他们在传承浙学人文传统、经典诠释与古籍整理方面各自作出了重要贡献。

## 四、浙学的基本精神与当代启示

在经历千百年的磨合过程中，浙学各派逐渐形成了一些共通的人文精神传统。这种人文精神是从王充到陈亮、叶适、吕祖谦、王阳明、黄宗羲、全祖望、章学诚以至近现代的龚自珍、章太炎、蔡元培、马一浮等著名浙江思想家都一致认同的文化精神。

那么，浙学的基本精神是什么呢？我曾在《简论"浙学"的内涵及其基本精神》一文中将它概括为"民本、求实、批判、兼容、创新"五个词、十个字，又在《论浙江的人文精神传统及其在现代化中的作用》一文中从五个方面概述了浙学人文精神的主要内容，即"一、'天人合一，万物一体'的整体和谐精神；二、'实事求是，破除迷信'的求实批判精神；三、'经世致用，以民为本'的实学精神；四、'四民同道，工商皆本'的人文精神；五、'教育优先、人才第一'的文化精神"。

我认为，在历代浙学家中，最能代表浙学基本精神的有五大家的五大名言。

一是王充的"实事疾妄"名言。"浙学开山祖"王充在回应人们对其写作《论衡》宗旨的疑问时说："《论衡》实事疾妄，无诽谤之辞"（见《论衡·对作篇》）。这充分体现了浙学坚持实事求是、反对各种虚妄迷信的务实批判精神。

二是叶适的"崇义养利"名言。叶适针对董仲舒名言"仁人者正其谊不谋其利，明其道不计其功"批判说："'仁人正谊不谋利，明道不计功'，此语初看极好，细看全疏阔。古人以利与人而不自居其功，故道义光明。后世儒者行仲舒之论，既无功利，则道义乃无用之虚语尔。"[①]因此，叶适究心历史，称古圣人唐、虞、夏、商之世，能够"崇义以养利，隆礼以致力"[②]，是真正的"治道"。

三是王阳明的"知行合一"名言。王阳明说："知之真切笃实处即是行，行之明觉精察处即是知，知行工夫本不可离。……真知即所以为行，不行不足谓之知。"[③]这是王阳明"知行合一"说的基本论述。

四是黄宗羲的"经世应务"名言。黄宗羲主张"学必原本

①叶适：《习学记言》卷二十三，上海古籍出版社1992年版，第201页。
②杨士奇编：《历代名臣奏议》卷五十五引叶适《士学上》语。
③王阳明：《传习录中》，见王守仁撰、吴光等编校：《王阳明全集》上册，上海古籍出版社2012年版，第37页。

于经术而后不为蹈虚，必证明于史籍而后足以应务"①、"经术所以经世"②。在著名的《明夷待访录》中，黄宗羲明确提出了"天下为主，君为客"的命题，从而使其民本思想提升到了"主权在民"的民主启蒙高度，并影响到清末民初的民主启蒙运动。

五是蔡元培的"兼容并包"名言。浙学传统从王充以来，就有一种多元包容、兼收并蓄的思想特色。蔡元培从小就受到浙学传统的熏陶，在其思想深处就有一种多元包容的思想倾向。因此，他在辛亥革命后接掌北京大学校长时，提出了"思想自由，兼容并包"的办校方针，从而使北京大学成为包容多元、引领近现代思想解放潮流的新型教育阵地。

以上总结的五个词、十个字、五大精神、五大名言，就是我对浙学人文精神和历代"浙学大家"基本精神的概括性总结。在这一认识的基础上，我们进一步深入探讨浙学的当代价值与启示，也有五点值得借鉴发扬。

第一，浙学中"天人合一，万物一体"的整体和谐精神，启示我们要实现的中国式现代化必须是低碳、绿色、人与自然和谐相处的，而非将人与自然置于对立斗争地位的物本主义的

---

① 全祖望：《甬上证人书院记》，见全祖望原著、黄云眉选注：《鲒埼亭文集选注》，齐鲁书社1982年版，第347页。

② 全祖望：《梨洲先生神道碑文》，见全祖望原著、黄云眉选注：《鲒埼亭文集选注》，齐鲁书社1982年版，第105页。

二元对抗境地。所以，我们必须避免陷入"征服自然"式的斗争哲学思维。近年来，气候日益变暖，甚至出现40度以上的连续高温天气，使我们深切感受到气候变暖趋势的可怕与危害，也更促使我们要努力设法保持人与自然和谐相处的必要性与紧迫性。

第二，"以人为本，人民至上"的民本精神。这是以人民利益为最高利益的民本主义论述，是古越国"十年生聚，十年教训"从而由弱变强战胜强吴的法宝，也是在中国式现代化实践中经历40年艰苦奋斗，使资源贫乏的浙江成为经济大省的一大政策法宝，更是今后几十年建设共同富裕示范区的战略法宝，值得我们继承发扬光大。

第三，"自强自立，开拓创新"的创业精神。这尤其体现在温州人"敢为天下先"的创业精神以及义乌人建设小商品市场的创业开拓精神上。这一点一直是温州、义乌、宁波、龙游、湖州等地浙商的优良传统，值得发扬光大。

第四，"实事疾妄"的求实批判精神，这是浙学家留给我们的科学思维方法。浙学传统中，从王充到陈亮、叶适、王阳明、黄宗羲以至章太炎、马一浮，都是富有求实批判精神的大家。我们在实现新时代的中国式现代化、实现中华民族伟大复兴的实践中，尤其需要坚持实事求是、反对弄虚作假、批判各种不切实际的虚妄迷信。

第五，"多元和谐，兼容并包"的精神。改革开放以来的实践证明，坚持改革开放的基本国策，能让我们的社会主义现代化事业实现长足发展。可以说,"改革开放,多元包容",是我们不断从胜利走向新胜利的政策法宝。

上述五个方面构成一个有机的思想整体,在这个思想整体中,"万物一体"是我们的宇宙观,"以人为本"是制定政策的根本前提,是一切工作的出发点;"实事疾妄"是必须坚持的思想路线,是民族精神的脊梁;"开拓创新,多元包容"既是科学的思维方式,也是创业者必备的人文素质,是建设现代化新浙江的政策法宝。近40年来,我在多家报纸杂志和各种学术讲座中发表了多篇文章,论浙学文化观与科学发展观的关系。我认为,科学发展观的根本精神包含着三大要素:一是"以人为本"的人文精神,人是最重要的,一切为人民的根本利益着想,这是中国共产党人的根本出发点;二是"实事求是"的务实精神,在任何工作中都必须坚持"实事求是"的思想路线,才能做到无往不胜;三是"多元包容"的和谐精神,这是一种全面开放、深化改革、包容多元、追求和谐的精神,而不是一元的封闭主义。这也算是我论浙学的一得之见吧。

上述五点启示在根本上体现了浙学的人文精神传统。这个精神传统落实到社会实践中,就转化为"改天换地、建功立业"的巨大物质力量。浙江人民在现代化建设中之所以能取得伟大成就,与浙江的历史文化、思想传统是密不可分的。现在的社会主义现代化是一项前人未曾从事过的伟大事业,不仅吸收了中华优秀传统文化的精华,也吸收了全人类优秀文化的精华。我们在建设人文浙江、和谐浙江、现代浙江的过程中,必须充分发掘浙江人文思想的深厚资源，同时面向全世界，坚持多元和谐发展，真正提供服务于中华民族伟大复兴的文化软实力。

综上所述，浙学作为一种富有特色、充满活力的地域文化形态，是中华文化大厦的重要组成部分，她不但在历史上促进了社会文明进步，而且在当代中国现代化的实践中，仍然具有强大的精神感召力和实践推动力。我们应当倍加珍惜这份资源，并使之发扬光大，日臻完善。

2024 年 9 月 3 日草成于杭州

# 目　录

# 前　言

　　"文化是一个国家、一个民族的灵魂。文化兴国运兴，文化强民族强。没有高度的文化自信，没有文化的繁荣兴盛，就没有中华民族伟大复兴。"[①] "文化关乎国本、国运。"[②] 党的十八大以来，习近平总书记反复强调要"增强做中国人的志气、骨气和底气"，反复强调"四个自信"（即中国特色社会主义的道路自信、理论自信、制度自信和文化自信），特别指出"文化自信是更基础、更广泛、更深厚的自信，是一个国家、一个民族发展中最基本、最深沉、最持久的力量"[③]。

　　浙江作为文化大省，文化积淀深厚，文化自信源远流长，历史上的大德鸿儒灿若星辰，影响深远。其中，被学界誉为"现代儒家三圣"之一的国学大师马一浮先生（1883—1967）就是距今最近的一位。熊十力先生（1885—1968）称他"沉潜周

---

[①] 习近平：《决胜全面建成小康社会　夺取新时代中国特色社会主义伟大胜利——在中国共产党第十九次全国代表大会上的报告》，人民出版社2017年版，第40—41页。

[②] 习近平：《在文化传承发展座谈会上的讲话》，载《求是》2023年第17期。

[③]《中共中央关于党的百年奋斗重大成就和历史经验的决议》，人民出版社2021年版，第44页。

孔六艺之场，贯穿华梵百家之奥，践履敦实，义解圆融"[1]；梁漱溟先生（1893—1988）称他为"千年国粹，一代儒宗"。马先生可以说是中华文明五个突出特性集于一身的人物，他具有深厚的"中国人的志气、骨气和底气"，他拥有的中华文化自信之坚定，无论是在当时还是在现在都是十分出众的。

　　本书之所以定名为"六艺一心"，是因为这四个字能代表马一浮一生为人为学的核心和主要成就。他的诗文创作和书法艺术，不过是他"六艺一心论"的"末事"。"六艺"，是汉代学者对《诗》《书》《礼》《乐》《易》《春秋》"六经"的总称。马一浮从小就熟读经史，一生大部分时间和精力都是围绕着六经展开的，参究六经、阐述六经、讲授六经、讨论六经耗费了他大量的心血，但他不是为了功名利禄而做学问，也不是"为了学问而学问"，而是为了"穷理尽性以至于命"而做学问。他的六艺论与东汉郑玄的六艺论的最大不同，可能是他对"六艺该摄一切学术"和"六艺统摄于一心"的特别阐发。如果说"'六艺该摄一切学术'是马一浮学术思想最基本的特色"[2]，则"六艺统摄于一心"就应该是马一浮学术思想的根荄。他反复强调，"从上圣贤，唯有指归自己一路是真血脉"[3]。在他看

---

①萧萐父主编：《熊十力全集》第二卷，湖北教育出版社2001年版，第299页。后文引该书同此版本，不另注作者、版本信息。

②参见吴光：《试论马一浮学术思想的基本特色》，载《光明日报》2008年10月26日。

③虞万里校点：《马一浮集》第一册，浙江古籍出版社、浙江教育出版社1996年版，第526页。后文引该书同此版本，不另注作者、版本信息。

来，"六艺"是圣人"一心"的开显，"六艺"又能教化引导人类回归"一心"。圣人"一心"开为"六德"：圣、仁、义、智、中、和。"六德"载诸典籍即为"六艺"："《乐》以配圣，《诗》以配仁，《礼》以配义，《书》以配智……《易》配中，《春秋》配和。"①圣人六德代表的是"人心之所同然"：人一生的言行，说对做对了，不过是一心六德之显现；说错做错了，一定是一心六德有偏蔽。所以，"一心"可以统摄"六艺"，"六艺"可以该摄古今中外一切学术乃至人类的全部言行。"六艺之旨，散在《论语》而总在《孝经》"②。马一浮的"六艺一心论"，不仅是他对自己一生为人为学的总结，也是他对五千年中国文化的总结，甚至可以说是他对全部人类文明的总结，所以本书以"六艺一心"来总结概括这位浙学大家。

沙孟海先生在《马一浮遗墨序》中说："绍兴马一浮是现代中国硕果仅存的一位博古通今、学贯中西的大儒，在国际上也久负盛名。他的学问品格，按之旧时代国史，应入儒林、道学、文苑，也兼隐逸、艺术，是多方面的有高度学养的人物。"③这位被熊十力叹为"深窥百家之奥而世人莫知其姓名"的国学大师，究竟属于儒家、佛家还是道家？他的"六艺一心论"到底是怎样一种理论？他在中国学界的销声匿迹与重新复出，应该

① 《马一浮集》第一册，第159—160页。

② 吴光主编：《马一浮全集》第一册，浙江古籍出版社2013年版，第13页。后文引该书同此版本，不另注作者、版本信息。

③ 夏宗禹编：《马一浮遗墨》，华夏出版社1987年版，第216页。下引该书同此版本。

如何评价？这跟李鸿章所谓"三千年未有之大变局"有没有关系？跟当前"世界百年未有之大变局"有没有关系？跟中华民族伟大复兴的历史大势有没有关系？这些都是本书试图解答的问题。

第一章 『如湛巨海，流一浮沤』：马一浮的生平事迹

"如湛巨海，流一浮沤"语出《楞严经》。笔者以此命名本章，一方面是因为马一浮的大名出自此句，感觉很亲切；另一方面是因为此句符合马一浮的三观（世界观、人生观和价值观），感觉很贴切。

马一浮，1883年4月2日（农历二月二十五日）生于四川成都，父亲为他取学名"福田"，字畊余。按照丁敬涵《马一浮年谱简编》的说法，"当时为农耕社会，人们都认为有田才有福，人生以耕作为主，耕作之余始及其它"①。其实，这个名字还有一种佛教层面的说法。丁福保《佛学大词典》解释说："田以生长为义，于应供养者供养之，则能受诸福报，犹如农夫播种于田亩，有秋收之利，故名'福田'。"中国佛寺方丈所穿袈裟上的方格图案就是福田的象征。从这个意义上说，"福田"这个名字又寓意马一浮将来修行有大成就，堪受众生供养，成为众生播种福慧、收获福慧的"田地"。马一浮于二十岁前后，连遭父亲、姐姐和妻子的丧亡之痛，开始接触佛、老之学，乃取《庄子》"其生若浮，其死若休"意，为自己改名"浮"，字"一佛"。1903年前后，又取《楞严经》卷三"如湛巨海，流一浮沤，起灭无从"句，改字"一浮"，号"湛翁"。"湛"是渊

——————————
① 《马一浮全集》第六册，第1页。

深、清澈的意思，"浮沤"是浪花、泡沫的意思。佛教认为，本性清净、渊深，无边无际，如同大海，众生的生命就像是大海受风吹拂而泛起的泡沫或浪花，生灭无常，根本就不是自己所能自主的。这个名字想必与马一浮当时对于生命无常的感悟十分契合。中年以后，马一浮又取《法华经·信解品》"蠲除诸法戏论之粪"意，名其居室曰"蠲戏斋"，别号"蠲叟""蠲戏老人""蠲戏翁"，还刻有"蠲除戏论"的闲章，在书法作品中常用之。佛教认为世间一切观点、学说都是戏论，若不能明心见性，执着于这些戏论，不管如何成名成家，只是"入海算沙徒自困"，所以志求大觉悟的人都要捐除这些戏论。他曾自言，他之所以要取"蠲"这个字是因为他出生于成都，童年生活在四川，对四川深有感情，特意取了这个"益""蜀"合成的"蠲"字为号，其怀旧、重情与用字之考究由此可见一斑。马一浮一生名号众多，最终还是以"一浮"行于世。单是回顾其名字的来历，就会发现他与佛、道两家缘分不浅。尽管他自觉继承的是程朱理学，但他对程朱理学的发展恰恰是超越程朱排斥佛教的局限而"援佛证儒""儒佛会通"。"儒佛会通"和"儒道融通"甚至可以说是马一浮新理学最鲜明的特征。这是理解马一浮的人生轨迹时必须清晰把握的一个基调。否则，我们很难理解他一生出处语默、待人接物的种种事迹，也不可能真正理解他的人品与学品。

## 本是仙人种 移来高士家

"本是仙人种，移来高士家"，出自现存马一浮最早的诗作。他十岁的某一天，母亲指着庭前的菊花，让他作一首五言律诗，要求限用"麻"字韵。他应声而就："我爱陶元亮，东篱采菊花。枝枝傲霜雪，瓣瓣生云霞。本是仙人种，移来高士家。晨餐秋更洁，不必羡胡麻。"母亲评价说："儿长大当能诗。此诗虽有稚气，颇似不食烟火语。菊之为物，如高人逸士，虽有文采，却生于秋晚，不遇春夏之气。汝将来或不患无文，但少福泽耳。"[①]后来的事实证明，这一评语相当准确，尤其是"高人逸士"四字堪称对其一生的精要概括。

马一浮的父亲马廷培为会稽东墅马氏后人。马一浮出生时，马廷培以正六品通判留成都候用。母亲何定珠出身陕西沔县望族，知书达礼，擅长文学。马一浮有三个姐姐，大姐明璧（1874—1934）、二姐明珪（1879—1900）、三姐蕙芳（1882—

---

① 参见《马一浮全集》第二册，第1044页。

1889），均能识字读书。1947年3月，马一浮在其所写《会稽马氏皋亭山先茔记》中，对其家族给予自己的影响有一段言简意赅的总结。他说："浮虽不肖，笃志经术，实秉庭训，其稍解诗旨，则孩提受之母氏，独不逮事祖母。若戴氏姑习禅安节，仲姐纯孝玄通，自丱角所闻，一门并有高行。浮虽老而无成，其幸免流俗之归者，父兄之教也。"[①]这段话表明对马一浮影响最大的四位亲人分别是他的父亲、母亲、姑母和二姐。本节将梳理马一浮的家史，以揭示这"一门并有高行"的家教家风对于其人其学的深远影响。

## 一、东墅马氏，以儒学著

马氏始祖可以追溯至黄帝的六世孙伯益。伯益因协助大禹治水有功，被舜赐姓嬴。战国时期的大将赵奢即是伯益的后裔。赵奢因为秉公执法、战功卓著，被赵惠文王赐号为"马服君"，地位与廉颇、蔺相如相同。赵奢的子孙后因此以"马"为氏，汉朝时一直居住在陕西扶风茂陵。

五代时，为逃避后梁与后唐的战乱，先祖马维昇举家迁到浙江嵊县，发展成当地的大族。元朝时，先祖马方又从嵊县徙居会稽吴融村。明朝洪武年间（1368—1398），先祖马思德又从会稽吴融村迁居会稽东墅村（今隶属绍兴市上虞区马山镇），到马一浮父亲这一辈，已有十六代，素以儒学著称，代代有清德。

---

① 《马一浮全集》第二册，第217页。

明朝灭亡后，马氏三代拒绝参加科举考试，直到清朝乾嘉时才有后人参加乡试。马一浮的曾伯祖马步蟾为嘉庆十六年（1811）年进士，做过徽州知府，在清朝官制中属于从四品。道光元年（1821），马步蟾特地上疏朝廷请求以先儒刘宗周（1578—1645）从祀文庙。明儒得从祀者自此始。马一浮的曾祖马人骥有两个儿子，即长子马楚材（字兰舫）、次子马尚坤（字厚山），兄弟二人都实践儒家"居敬""慎独"的修身功夫，俱服膺大儒刘宗周。马尚坤以经术教授乡里，但在儿子马廷培八岁的时候就去世了。马楚材特别擅长行政工作，不过一直屈居主簿、县尉这种地方官府的佐理职位。咸丰九年（1859），云南昭通人蓝大顺、蓝二顺兄弟在家乡结盟，揭竿而起，建元"顺天"，连续攻占四川十几个县，部众增至三十余万，活动地区涉及五十余州县。咸丰十一年蓝军进攻仁寿县时，马楚材正在此地任典史。典史是知县的下属官员，职能类似于今天的县公安局局长，负责缉捕、治安巡查、管理监狱等工作。马楚材操办团练，竭力守御，力战五个月，最终因为敌势猖獗而英勇牺牲。他的儿子马德馨，天性纯孝，协助父亲作战，也牺牲在战场上。四川总督骆秉章于同治元年（1862）六月，奉清廷特谕，在庆符县马楚材殉难的地方建立专祠，祭祀马楚材父子，还按亲疏关系将马廷培过继给马楚材为后。

马一浮一生以马氏为荣，平时喜自称茂陵马氏，为自己取过"茂陵武君""赵国服休"等别号，晚年还花费大量精力编纂有关马氏的文史资料。他说："古人谓其所生之国曰'父母之邦',亦曰'宗邦',本其爱亲之心,而后能爱其邦国,守之弗去。今人亦盛言爱国矣,其所谓爱国心者将何自而推之邪?方言爱国,而于中国圣智之法视若无物,盛慕欧化,望尘莫及,岂非不爱其亲而爱他人邪?古人言必则古昔,称先王,今则言必则现代,称夷狄,此谓他人父之类也。《孝经》曰:'君子之事亲孝,故忠可移于君;事兄弟(悌),故顺可移于长;居家礼,故治可移于官。'《孟子》曰:'未有仁而遗其亲者也,未有义而后其君者也。'今人亦知重视对于国家社会之道德行为,而以父子、兄弟、夫妇之关系为私德,此之谓不知本。"[1]可见,身、家、国、天下在马一浮那里是本末 体的,而不是可以割裂的。

## 二、惧贯先德,刻意励精

"惧贯先德,刻意励精",是马一浮于1901年5月为刚刚去世的父亲所写《先考马公行状》中的两句话。"惧贯先德"的意思,是担心祖先的美德因为自己不够努力而陨落。"刻意励精"的意思,是兢兢业业、精益求精地干好本职工作。一个"惧"字将马廷培"战战兢兢,如临深渊,如履薄冰"的性格特点描述得十分传神。在马一浮写他父亲的众多文字中,这两句最能体现他父亲的人格特点,这个特点也深深地影响了马一浮。

马廷培从小就敦厚敏捷,天赋异禀,记忆力超强。可怜他

---

[1]《马一浮全集》第四册,第103页。

八岁就没了父亲，父亲学问渊博，但一贫如洗，隐居而终。马廷培以孤露之身，发愤图强，才得以维持生计。他被过继给伯父马楚材后，便从浙江上虞去到四川，弱冠之年就得大臣保举，"以从九品留省尽先补用"。他却不肯就职，而是游学重庆，研究经济学。此外，他也喜欢研究刑名、钱谷、掌故、民物、吏事等各方面的知识。那时会稽人朱公潮以御史资格出任叙州（今宜宾市）知府，名气很响，影响很大。朱公潮调任成都后，幕僚多次更换，他都不满意，于是礼请马廷培做他的幕僚。马廷培在其任上，办事勤勉而有效率，始终没有积压的文案，名气也渐渐大起来。他先后佐理过顺庆府、绵州、灌县、遂宁县的行政事务。对于各种案件，他都了解得非常仔细，处理得很有分寸。在水利、农田、赋税、盐政、驿务等方面存在的积弊，他都能剔除窳败、扶正祛邪。尽管他只是幕僚，但群众很仰赖他。他做了十余年幕僚，在浙江老家的生母已经七十岁了，因路途遥远，未能膝前奉养，他深感愧疚。想到古人有为获得官俸以赡养亲老而从政的，他便在光绪七年（1881）援用先例，请人引荐，步入仕途。

用今天的话来说，马廷培早在十年前就可以凭借马楚材和马德馨父子为守卫仁寿县而双双战死的巨大影响力，以及四川大吏的保举，优先拿到政府有正式编制的职位，但他为游学重庆而自愿放弃了，现在则是因为母亲年事已高需要奉养才不得不进入官场。这种叙事，当然有马廷培自己的解释在里面，也有马一浮作为孝子的一种解读在里面，不免有些理学的理想化色彩。若站在十八岁的马廷培的立场上设身处地地想一想，便知怎么可能轻松适应这突如其来的命运变故和亲情转移。他十年前的"不就"，想必有他复杂的考虑，甚至未尝没有情绪化的书生意气。生父的早逝与过继给远在异乡且壮烈牺牲的伯父为后，这一切对于他本人的心理和性格不可能不产生复杂而深隐的影响，而且不可能不潜移默化地影响到马一浮。

马廷培"留省补用"期间，四川布政使是鹿传霖（1836—1910）。此人忠于清廷，深受慈禧太后器重，同时又是清末新政的重要推动者。他做四川按察使及布政使时，重教兴学，创办四川中西学堂。他为官刚正清廉，为政崇尚"综核名实"。用今天的话说，就是实事求是，考核时注重名实是否相符。他委派马廷培运送粮饷，令其火速赶往打箭炉，又用书信指示他查核打箭炉厅政府财库的账目舛误问题。《先考马公行状》比较详尽地记述了这次查账的始末。马廷培在行政上的德行、才干就是在这次大规模查账中显现而深受鹿传霖赏识的，这也成为他仕途的一个转折点。

打箭炉厅的账目名目繁多，牵涉面广，积压时间长，既有办事人员无意间的工作疏忽，也有当地各库的支拨腾挪，还有故意的贪污挤占，情况十分复杂。四川藩、臬衙门五次委派精明能干的专业人士前去处理这些账目，结果都是不了了之。马廷培接手后，会同打箭炉同知周侪亮，将财库的档案、账本以及各种记录全部调出来，昼夜不停地伏案检查核对，三个月就完成了任务。弄清真相以后，又条分缕析，分门别类，登记在册，予以上报。混乱了二十年、历经十多任相关人员都搞不定的账目，马廷培竟然只用了三个月就查得清清楚楚，以至于鹿传霖"叹其神速"。打箭炉厅的账目查清以后，鹿传霖又委派马廷培办理四川全省的"捐输文案"，将原先八个人干的工作交给他一人来干。马廷培没有辜负鹿传霖的信任，再次高质量地完成了这项任务。五年间，官民莫不因为他的勤勉高效而大获便利。光绪八年（1882）九月，鹿传霖奉清廷上谕，着手清理四川的库款，但他没有像张之洞在山西那样特设"清理局"，而是直接任命马廷培为"总办"，因为马廷培"办事认真，熟谙句稽"，结果大大地节省了成本。"句稽"即"勾稽"，意思是账目的查考、比对与核算。"办事认真，熟谙句稽"，确实很能体现马廷培"幼敦敏，有异禀，强识过人"的特点。尽管马廷培的资格和功劳都位列"上上"等，却始终不得提拔，最终被任命为潼川府通判，驻守太和镇。太和镇非常贫瘠困苦，通省同僚都因为这个职位不配马廷培的功劳而为他鸣不平，劝他不要赴任，但他还是"受命夷然，单骑之官"①，即心平气和地接受了任命，一个人骑着马就去太和镇上任了。在太和镇工作三个多月后，他又被调署仁寿县。离开太和镇的那一天，他留诗告别，万家烧香拜送，百姓拥着他的车子，送上车的红丝绸就有好几匹，其中还有人感动得哭了。到他离开仁寿县时，"仁寿之民刻石颂其德，送之一如太和时"。马一浮在记述父亲的种种从

---

① 《马一浮全集》第二册，第222页。

政与主政经历之后，有一段非常精要的点评。他说：

> 府君惧贾先德，刻意励精，事无钜纤，必亲裁判牍，不假手幕友，无论吏胥，府君之劳可知也。尝以大局之坏，由居官者无学无耻，故无上下内外，无一以实心行实政者，砥碌薄俗，为政益务平实。[①]

马一浮这段话指出父亲的执政风格突出一个"实"。七十余字的点评，马一浮竟用了三个"实"字。他所说的这个"实"，从根本上说乃是"实心""实理"。在马一浮看来，父亲马廷培之所以"惧贾先德，刻意励精"就是因为他有"实心"，遵"实理"。就是这颗"实心"，让他担心自己心浮气躁、粗枝大叶会辱没"东墅马氏世世以儒学著"的声誉；就是这颗"实心"，让他"事无钜纤，必亲裁判牍"而不敢"假手幕友"；就是这颗"实心"，让他深刻地认识到"大局之坏，由居官者无学无耻"。"无学无耻"，既是政风不实的表现，也是政风不实的原因。马廷培把清朝"大局之坏"归咎于"居官者无学无耻"，整个清朝在他眼里，无论上下内外，竟无一人"以实心行实政"！这话当然不无偏激的成分，至少在马廷培眼里，张之洞还算是一位"以实心行实政"的政治家。不然，他也不会在"宾接庶士"时"饷以张南皮《輶轩语》"。马廷培在太和镇与仁寿县的两段主

---

政经历，时间都不算长，其能在离开的时候赢得当地人民"万家爇香拜送""刻石颂其德"，固然与他的政治才干分不开，但在马一浮看来其根本原因乃在于有学有耻。

光绪十四年（1888），马廷培因上官不体恤其丧母之痛、不准其回家奔丧而愤然辞官，举家迁回浙江上虞。当时他才四十余岁，正是干事业、拼仕途的关键期，却因为痛悔自己没能侍奉生母倪恭人且久拖丧事而放弃官位。马廷培辞官返乡时，马一浮还不到六岁，当然不能理解父亲在官场上的辛酸历程。而马一浮写《先考马公行状》时已经十八岁了，加之幼承庭训，博览群书，以及岳父汤寿潜的维新思想影响，对清末官场的黑暗应该有所了解。尽管这篇行状的措辞中正而文雅，但不难从其字里行间读出他对父亲政绩卓著却不得提拔的不平与愤懑。"投绂若浣"四个字，不仅反映了他对官场黑暗的厌恶，而且体现了他对"东墅马氏十六世，世世以儒学著"和"代有清德"的自豪。

对于父亲居家生活的德行，马一浮给了"天性纯厚，孝友光备"①八个字的评价；对父亲的待友之道，马一浮给了"笃于风义"四个字的述评，可谓言简意赅。马廷培晚年取北宋李绎"五知先生"之意，自称"五知老人"。如果了解李绎这个人，就会发现马廷培晚年自称"五知老人"是有深意的。《宋史》有李绎传，称"绎所至，颇称治，自以久宦在外，意不自得，作

---

① 《马一浮全集》第二册，第224页。

《五知先生传》，谓知时、知难、知命、知退、知足也"①。比较《宋史》李绎传与《先考马公行状》，可发现马廷培和李绎无论性格、德行还是经历都颇为相似。两人都是因为父亲的功劳而步入政坛，都非常同情百姓疾苦，都政绩突出却长期不被赏识而任职于基层，都自觉不得志，都善于以"道"调节自我而知足常乐。马廷培尝言："吾平生苦忧患独，在太和，虽至无以具馔，以为乐也。"又说："人须肯吃亏，方有学问。"他还给人写信说："某比惟自信无愧，觉此心坦白无蒂芥。虽处困，颇有佳境。"②马廷培这些德行智慧都被马一浮很好地继承下来，成为他一生的法宝。

马廷培自言，他平生之学多得益于明儒吕坤（1536—1618）的《呻吟语》。吕坤是明代晚期的儒学大家，为人刚正不阿，为官清正廉洁，被称为明万历年间"三大贤"之一。《呻吟语》是吕坤的一部语录体、箴言体作品，是其五十年阅历、道德、学问与从政经验的结晶。对照《呻吟语》与《先考马公行状》，很容易看到《呻吟语》对于马廷培的影响。如《存心》篇所说的"天地间真滋味，惟静者能尝得出；天地间真机括，惟静者能看得透；天地间真情景，惟静者能题得破"；《应务》篇所说的"不与居积人争富，不与进取人争贵，不与矜饰人争名，不与简

---

① 许嘉璐主编：《二十四史全译》之《宋史》第11册，上海汉语大词典出版社2004年版，第6943页。

② 《马一浮全集》第二册，第225页。

傲人争礼，不与盛气人争是非"①。吕坤这种"静"与"不争"的德行智慧，不仅被马廷培自觉地继承下来并付诸实践，而且潜移默化地影响着马一浮的一生。

### 三、禀质殊异，温恭纯惠

印光法师（1861—1940）尝言："家庭母教，乃是贤才蔚起，天下太平之根本。"因为"人之幼时，专赖母教。父不能常在家内，母则常不离子。母若贤慧，则所行所言，皆足为法。见闻已熟，心中已有成规。再加以常常训诲，则习已成性。如熔金铸器，模型若好，器决不会不好"。马一浮的德行学养固然是受他父亲的深刻影响，但更直接的影响因素应该还是母亲的熏陶，尽管在他十一岁时母亲就去世了。马一浮对母亲的追忆主要体现在他1901年所写的《先妣何恭人事述》一文中。

马一浮在书面上尊称母亲何定珠为"何恭人"。何恭人世籍陕西沔县，世代享有高官厚禄，属于沔县望族。马一浮的外祖父何焜，是附贡生，做过"知州用四川通判"，这段经历促成了马廷培和何恭人的姻缘。何恭人十八岁时就嫁给了马廷培，二十一年后病逝，享年三十九岁。生有三女一男，小女儿马蕙芳八岁殇折。何恭人生长在世家望族，从小就受到良好的家教。嫁给马廷培时，马廷培的母亲孙太恭人已经去世，生母倪太恭人远在浙江上虞。马廷培尚在成都私塾里教书，何恭人就心情

---

① 吕坤著，叶玉泉译：《呻吟语》，崇文书局2017年版，第138页。

急切地跟丈夫商量如何把老太太接到成都孝养。马氏夫妇屡次请求，倪太恭人都因为害怕路程太远而不肯前来。她因为未能早晚侍奉倪太恭人，便对丈夫说："孝养母亲的甘甜味美的食物一定要按时寄送。"家里收入不足的时候，她缩减家里的开销也要给老太太多寄些东西。如果这样还不够，她就催丈夫向朋友借贷，必须多寄些物品才得心安。光绪七年（1881），马廷培出差于京师，准备办妥公务后回老家看望并接倪太恭人到四川，不想却接到了倪太恭人去世的讣告。何恭人以未能膝下尽孝为终身大憾。

《先妣何恭人事述》记述何恭人不仅有"温恭纯惠"之德，而且亲自操持家中事务，马一浮和他的姐姐们有一个井井有条、洁净整饬、内外肃然的家，作为一家之主的马廷培倍感欣慰。何恭人不仅善于持家，而且善于教育子女。马一浮说："恭人禀质殊异，读书过男子，教两姐有法。福田虽幼，告以某人富贵勿羡，某人行谊贤者汝学焉。"马一浮记得小时候他参与了一次玩钱的游戏，母亲告诫他说："儿啊，你还年幼，千万不要玩弄这个。将来成人了，一定要严立风骨。小里小气玩弄这个，势必成为鄙陋的粗人。"马一浮每次回忆此事和母亲此言时都会羞愧得从脸红到脖子。母亲时常为两个姐姐和马一浮讲古代豪杰的孝义故事，期望他们能够学习古人而免于流俗。母亲教导他们说，父亲教你们如何应对进退的礼节时讲得很详细，要知道"礼基于此"。马一浮认为母亲此话是"矫然大儒言"。

对马一浮影响较大的亲人还有他的姑母。这位姑母是马一浮祖父马楚材的第四个女儿，为马楚材与其妾孙氏所生。江苏人戴元和，在四川做知府时与马楚材曾在同一官署任职，于是相约为儿女亲家。后来，蓝大顺在四川发起农民起义，戴元和与马楚材父子因此而亡，两家难裔，流离转徙，失去了对方的消息。马一浮的姑母名义上是戴秀夫（戴元和之子）的原配，可她连丈夫乃至丈夫家人的面都没见过。马廷培于同治十二年（1873）才辗转找到落难的戴秀夫，戴秀夫于是入赘马家，但不到一年就去世了。由于婚后没有孩子，戴氏近支没有可以过继为后的人，以及四川和江苏相距遥远，马一浮的姑母便以生母已经去世为由终身待在娘家，侍奉庶母四十年，未尝离开一日，尽心于孝道。马一浮还在襁褓中的时候，其母亲生了次大病，担心自己一病不起，便将他托付给这位姑姑。姑姑就像母亲一样抚养他。马一浮十一岁时母亲去世，十九岁时父亲去世，从此沦为双亲皆无的"鲜民"，一直与姑母相依为命，后来因为出国，有五年时间远离姑母。马一浮在外游学，姑母将自己的金银首饰全部变卖来资助他，以至于其死后首饰盒里空无余物。她生活清苦，摒绝华丽的妆饰，盥洗只用皂荚，未尝用海外制品。衣服朴素，同类衣服没有备用的，经常穿的都是旧布洗干净连缀而成的百衲衣，三十年没有换过蚊帐。寸布尺线，从不丢弃，但看见乡里贫困没有衣服的老妇人，她便亲手缝纫衣物并加厚棉絮，送给她们。马一浮从能记事时起就侍奉姑母，前后三十余年，见她的衣服器用破败，请求为她换新的，她都不允许。她曾经对马一浮说："世间苦人多矣，吾何心自厚，物力当惜，且吾知汝贫也。"她晚年念佛，日有常课，非常虔诚，每次都是向西而坐。临终前三个小时，她已不能说话，但还是微动嘴唇，动作跟平时念佛一样，最后从容地移动身体，面朝西方而殁。当时她面色红润而有光泽，头顶上的余温保持了一天。这些在佛教净土宗的叙事里都是往生极乐世界的征兆。姑母往生后，马一浮为她写了一篇《先姑戴节孝孺人马氏事略》，记述了她的德行事迹。从马一浮的记述中，可以看到姑母在孝行、刻苦、布施、忍辱、精进等多个方面深深地影响了他。他说：

> 先姑虽妇人而有丈夫之气，一生清节，卓绝艰苦，人所不能堪忍者，先姑顺受其正。一切平常，未尝有自多之意。慈幼惠下，常若有余。其在儒家伦常之理，可谓体受归全者矣。于佛法不尚知见，专力行持，亦庶几老实念佛者。①

这段话是马一浮对姑母一生德行的总结，平实而深沉。从马一浮的人生态度和行事风格中，可以清晰地看到他姑母身上这种温润的"丈夫之气"与"顺受其正"的"清节"。

对马一浮影响较深的还有一位亲人，那就是二姐马明珪。光绪二十七年（1901），马一浮还专门写了一篇《二姊事述》，足

---

① 《马一浮全集》第二册，第237页。

见二姐对他的影响之深。马明珪，字冰辉。马一浮称她"自幼有奇气"①。她读《列女传》时多有不满，却对西汉缇萦和东汉曹娥这两位为救父亲而献身的孝女情有独钟，深致敬慕之情。她特别不喜欢"举案齐眉以事夫"的"贤妻"典型孟光，说"女子何为卑诎若此"！她十二岁时就对母亲说："女儿希望能够终身侍奉父母，不能侍奉他人。"言外之意，就是终身不嫁。母亲斥责她荒唐，她却坚持己见，毫不动摇。母亲有肝病，常常突然昏倒，不省人事，四肢发冷。她和姐姐马明璧不仅早晚伺候，而且不断探索照顾病人的方法，"听于无声，视于无形，必谨必周"。光绪十八年（1892）九月的一天，母亲病危，家人四处找她却不见人，最后才在小阁楼里发现她跪在那里，用丝带勒自己的脖子，险些气绝身亡。她心疼母亲，面对母亲病危十分焦急，无计可施时，听说可以以命抵命，便决定用自己的命换回母亲的命。家人解开丝带，她才缓过一口气。从此以后，她分秒不离母亲左右。家里贫困，请不起女佣，姐姐明璧负责母亲的汤药，她就负责照顾母亲的起居。一年后母亲还是去世了，她悲痛至极，僵卧在床上，鼻息都断了，过了好一阵子才苏醒，苏醒后还是坚决要为母亲殉葬。父亲批评她说："你父还在，不可这样！"她才顺从父亲而放弃殉母的执念。服丧期间，她因为过度哀伤而形销骨立，极度瘦弱。那时她才十五岁。十一岁那年，母亲生病了，她曾经亲口尝母亲的粪便，判定母亲

---

① 《马一浮全集》第二册，第229页。

无大碍才放心；十三岁那年，母亲再次生病，她尝了母亲的粪便后大惊，剜下自己臂膀上的肉入药，母亲服用才得以痊愈。若不是姐姐明璧报告了父亲，谁都不知道这件事。她屡屡做这些事还是没能挽救母亲的生命，并有些后悔做得不够。父亲衰老多病，她当初向母亲表达的终身侍奉父母而不嫁人的志愿便更加坚定不移，常常想着日后殉父。光绪二十六年（1900），父亲中风，说话困难，她总能领会老人的意思，从而周到地办好父亲想要办理的事情。父亲病危，医生对马一浮说："血肉最补形气，何不煮只鸭子？"马一浮把医生的话告诉她，她想到身体受之于父母，从前所想的那些替死的做法都无益，所以不敢再做了。既然"血肉最补形气"，她决不吝惜，于是她又割臂肉和药一起煎煮，让父亲服用，父亲的病情果然有些好转。但从此以后，每逢天气变化她手臂上的创口必痛。过了一个多月，父亲的病还是加重了，从此卧床不起。她积劳成疾而吐血，一个多月不能进食，还勉强支撑起身体，侍奉父亲而不敢稍有缺欠。冬天温被使父暖，夏天扇席使父凉。父亲见她形销骨立，心知她病了，看她的视线一收回就会落泪。她担心老人伤感，更加自持，一定要装作无病。八月，她竟然先于父亲而去世，年仅二十二岁。去世前一天，父亲强撑起佝偻的病体去她床前探视，她还对父亲说："我的病已经好多了，请大人不用担忧。"临终前，她嘱咐弟弟马一浮把自己的遗体葬在母亲坟墓右侧，不要用世俗的丧礼办理后事。马一浮感叹：这哪里是一个年仅二十二岁的姑娘所能有的见识啊！今人动辄怀疑"二十四孝"是古人捏造的事实，体现的是封建社会的愚孝，这些人读马一浮的《二姊事述》会作何感想？

马一浮称他这位二姐："至性过人，痛先姊早世，终身不尝甘腴。友爱其姊弟，自少至于长，未有一言之弗者也。"[①]她自幼孤傲，同辈中人没有一个是她看得起的，十四岁时读《陆宣公集》"以自异为不群，以沮议为出众"句，便痛以为戒。陆宣公，即唐朝中期政治家、文学家、政论家和思想家陆贽，死后被追赠为兵部尚书，谥号"宣"，世称"陆宣公"。让马明珪"痛以为戒"的这两句话，出自陆贽于唐贞元八年（792）给德宗皇帝的奏折。所谓"以自异为不群，以沮议为出众"，意思是以自己跟众人不一样为卓尔不群，以贬低他人的异议来表示自己德才出众。这类人最善于哗众取宠，民众往往会误以为他们真是"不群""出众"的人才，但陆贽一针见血地指出，他们实际上不过是"趣小利，昧远图，效小信，伤大道"的小人。陆贽此言，确实是火眼金睛、针砭时弊之论。

马明珪"生平寡言笑，凛凛然有清霜之色。好读庄、列书，深探其指"，又特别喜爱性灵派诗人袁枚的诗，对其佳作能一字不漏地默记在心。虽然她写作的诗文也拔俗可喜，但她自己却不以为意。凡有所作，写完就焚毁。她说："两千年来，女子名垂青史的有几人？其中一半是凭借文章而闻名，一半是因为节烈而著称。没有伟大殊异表现的人，文章多半鄙陋不值得看。"

---

① 《马一浮全集》第二册，第230页。

她认为女子无用是中国积贫积弱的原因，所以当她看见上海女子私塾的章程，便高兴地说："女子学校要兴起了！只是还不清楚管理女子学校的人是否称职。"马一浮对她的评价是："识远而性警，行安而节和。其确然之概，尤不可及。"

光绪二十四年（1898）秋天，马一浮和父亲外出，盗贼深夜入室抢劫，举着白晃晃的利刃恫吓她。她鼓起勇气说："给我刀，我自杀，不麻烦你！"其神色一点都不慌张，盗贼反而被她的气概吓退了。这件事让周围三个村的人都赞叹她非比寻常。光绪二十六年，听说八国联军攻打中国，她同大姐马明璧和弟媳汤仪商量应对之策。马明璧和汤仪说："大不了就是一个死！"她却说："不能这样。多死无益。关键是要有办法抵御。难道你们没听过荀灌的故事吗？"①荀灌是西晋智勇双全的女英雄。建兴三年（315），杜曾率领一万兵马围攻宛城。十三岁的荀灌带领十几个勇士，穿过重重包围，到襄阳搬来救兵击退敌军，救了父亲荀崧和一城百姓。面对危难，姐姐和弟媳想到的是一死守身，她想到的却是奋起抵抗。难怪马一浮遗憾她不是个男子且寿命太短。在马一浮看来，如果她是个男子，或者更长寿些，凭着她的"振奇之气"与"确然之概"，应该能大有作为。所谓"振奇之气"与"确然之概"，就是大义凛然、奋不顾身、敢于豁出命去的英勇气概，而这正是马一浮深感自愧不如的，所以他情不自禁地发出了"尤不可及"的慨叹！爱惜肉身、

---

① 参见《马一浮全集》第二册，第231页。

不敢豁出命去，可以说是马一浮性格中的一大局限。这个局限对其一生都有着消极而深远的影响，以至于他在去世前所撰自挽联中还在感叹"大患有身，血气心知皆病本"。

"独与神明住，常于异类行"，是马一浮《临池》一诗的开头两句。这两句诗很能体现马一浮青少年时代的个性。本节将揭示"世世以儒学著"的家学与"一门并有高行"的家风对青少年马一浮的影响。

光绪三十三年（1907），马一浮在给舅舅何稚逸的信中，称自己"生禀义方，夙嗜文史。弱岁孤露，沦泊江湖，性慕幽遁，肆志玄览，不名一艺"①。这几句是马一浮对自己前二十四年的生命历程和性格特征的简明总结。

## 一、生禀义方，夙嗜文史

从先祖马思德迁居上虞东墅到马一浮的父亲已经十六世，"世世以儒学著"，代代"有清德"，到马一浮这一代仍然是"一门并有高行"，人人知书达礼。这样的门第，是名副其实的

---

① 《马一浮全集》第二册，第292页。

书香门第。马一浮在这样的家庭出生成长，确实有其得天独厚的条件，加之天生慧根深厚，颖悟过人，少年时期就脱颖而出，是远近闻名的天才少年。

马一浮四岁时，父亲调任仁寿知县，举家迁居仁寿。父亲聘何虚舟先生教两个姐姐读唐诗，他也跟着学，所读唐诗多能成诵。有一次，何先生问他所学诗中最爱哪一句，他脱口应答"茅屋访孤僧"。这是李商隐《北青萝》中的一句。何先生感到很惊奇，报告他父亲说："您这个儿子莫非前世是位僧人？"不料一语成谶，他后来的人生还真像他的一首词所说，"逃禅避俗，纵栖迟人境，枯木寒岩近僧味"①。

马一浮五岁随父亲举家迁回东墅长塘乡，父亲礼聘同乡举人郑垓（字墨田）教他习字读书。他读书如饥似渴，过目成诵，"八岁初学为诗，九岁能诵《楚辞》《文选》"②，被乡里誉为"神童"。十岁时，应声而就的诗作就被母亲评价"如高人逸士"，预言他"长大当能诗""将来或不患无文"。十二岁时，郑先生因自愧才学不足以教他而主动请辞，父亲只好让他自学。光绪二十四年（1898），马一浮与先生郑垓，还有同县周树人（鲁迅）、周作人、竺可桢的大哥竺可材等同时参加会稽县试。马一浮考了甲榜第一名，竺可材为同榜第五名，郑先生为第二十三名，周作人为丙榜第三十四名，鲁迅为第三十七

①《马一浮全集》第三册，第759页。
②丁敬涵编注：《马一浮诗话》，学林出版社1999年版，第64页。

名。①其所写闱卷，完全集自古人佳句，却一气呵成，天衣无缝，宛若己出。闱卷流传中被求才若渴的社会贤达汤寿潜（1856—1917）看到，大加激赏，喜不自已，乃托人做媒，将长女汤仪（字润生）嫁给了马一浮。

## 二、性慕幽遁，肆志玄览

马一浮六岁时，三姐蕙芳殇逝；十一岁时，母亲病逝；十七岁时，二姐病逝；十九岁时，父亲病逝；二十岁时，妻子病逝。接连遭受亲人离世的打击，无怪乎他有"百哀历遍万缘轻"之慨叹。青年时代的马一浮先是"自负以天下为任"，后又"自匿陋巷，日与古人为伍"。②他是真的"不屑于世务"，还是另有宏图大志？对于马一浮早期思想的剧变，近年来学界不乏深入细致的研究，各有所见，或重其变，或重其常，本书将兼顾常变，尽可能解释得合乎情理。

马一浮的青年时期，中国内忧外患频仍，世道人心混乱，圣贤血脉危在旦夕。乌以风（1902—1989）在《马一浮先生学赞》中概括其师问学的时代背景说：

> 民生困苦，风俗日薄，有志之士，多激于义愤，或奔走革命，或变法图强，或提倡改革文学，或号召保存国粹。

---

① 关于这次考试的结果，参见《隐士儒宗·马一浮》（山东画报出版社1996年版）和虞万里《马一浮与竺可桢》一文。

② 参见马叙伦：《石屋余沈》，上海书店出版社1984年版，第63页。

自门禁大开，舟车日便，而鸦片战争和甲午战争以后，由于我国战败，国人崇拜欧美物质文明，以为西方各国之所以富强，皆因其科学发达，非效法欧美不足以图存，于是西方学术随政治、经济相继入侵中国。五四运动以来，新潮澎湃，遍及全国，朝野上下，竞尚西学，以新奇相标榜，怪说异论，一时纷然，入主出奴，无所折衷。迨辛亥革命未久，军阀内讧，兵戈相继，遂致国势日非，民生益困。世之言学术政教者，尚权谋，毁仁义，重兵刑，轻道德，国人已丧失民族自信心，随波逐流，积习难返矣。[①]

国难家痛让马一浮于二十岁就立志"为全世界人类生存之道"而奋斗，他在光绪二十八年（1902）所写《故马浮妻孝愍汤君权葬圹铭》中就明确表达了自己的志向。他说：

> 浮之为志，不在促促数千年、数十国之间，以为全世界人类生存之道，皆基于悲之一观念所发布，渐次而有家族、社会、国际之事，泛于今日，其组织规则，尚未有完全者。不改革全世界迷信宗教、黑暗政治之毒，则人类之苦无量期，而国种优劣存亡之故，尚为人类历史事实之小者。浮之言曰：吾欲唱个人自治、家族自治，影响于社会，以被乎全球。破一切帝王圣哲私名小智，求人群最适之公

---

① 《马一浮遗墨》，第216页。

安，而使个人永永享有道德法律上之幸福。吾之忧也，固
且与虚空同其无尽。[1]


有一种说法称，妻子汤仪的死是马一浮终身的愧疚与隐痛。
她是在马一浮守父亲之丧期间怀孕的，在礼教看来这是违背丧
礼的不孝之行。这对于寻常人家或许也不是什么大不了的事，
但对于极重名声的东墅马氏来说，则是有辱先人、不可原谅的
罪过，所以他们的处理办法就是秘密地服药打胎。汤仪是因为
打胎方法不当而去世的。笔者曾就此事专门问过马一浮的侄子
马镜泉先生，他没有正面回答，但他讲的一个细节从侧面佐证
了此事。马镜泉说，马一浮有一包文稿包得特别严实，大概类
似于卢梭的《忏悔录》，每年晒书时，他都要亲自守在旁边，不
许任何人触碰，说等他去世之后才可以打开。汤仪嫁给马一浮
前后不到三年时间，而且因为马一浮游学交友常年在外，夫妻
离多聚少，但感情很深。汤仪虽然读书不多，却对马一浮的志
趣十分理解，所以汤仪之死对他打击甚大。他后来不再续娶，
很有可能与这件事有关。结合这个隐秘的背景细读《故马浮妻
孝愍汤君权葬圹铭》，不难发现马一浮隐含在字里行间的悔恨之
情与请求亡妻谅解的意味，甚至不排除他有用大志掩盖和洗涤
内心罪感之意图。他身上有"世世以儒学著""代有清德""一
门并有高行"的精神遗产，"惧熶先德"的精神负担实在太过沉

---

[1]《马一浮集》第二册，第217页。

重以致缺了些开拓事业、百折不挠的阳刚之气，所以他对二姐敢于豁出性命的"振奇之气"与"确然之概"特别羡慕。他一方面为自己的家学和家风感到自豪和自信，另一方面又时常自责和自卑；一方面自视甚高，志气很大，另一方面又常感孤愤和气馁，做人很难不亢不卑，做事易半途而废。这种内心的矛盾几乎伴随了马一浮一生，青年时代表现得尤其明显。例如，他自题十八岁的一幅照片时说：

> 此马浮为已往之马浮，实死马浮矣。马浮之未来，其状貌又当变而为厉鬼。然则厉鬼者，将来之马浮也。故厉鬼者，谓之生马浮亦可。已往者死矣，未来者为生。故厉鬼之马浮，可谓之生马浮，而此纸之马浮，则已死矣。[①]

为一幅照片题写了一百多字的题词，居然用了四次"厉鬼"、三次"死"，用词之险迫，流露出他既自恋又自恨的内心矛盾。他的《二十余岁自题像》依然带有这种矛盾的底色：

> 佛说灭，众生黑。哲学昌，平民王。我现身，罪恶场。人类惨毒天所亡。如此面目乃不祥，烧之为灰质帝傍。虚空无尽上帝死，诸天微尘犹此纸。浮哉浮哉已已已。[②]

---

① 《马一浮全集》第四册，第206页。
② 《马一浮全集》第四册，第206页。

马一浮这两篇题词，似乎完全是用佛教眼光做自我观照与文化俯瞰。在他看来，由于佛家学说的衰灭，众生犹如活在暗无天日的黑夜，所以他感叹"佛说灭，众生黑"。西方哲学思想的传入，使得平民自认为"君王"，所以他嘲笑"哲学昌，平民王"。追逐新潮流的人们，或以为这是文明的进步、人性的解放而欢欣鼓舞，二十余岁的马一浮却站在佛教的立场深感罪恶和忧患，所以他要说"我现身，罪恶场。人类惨毒天所亡"。这类措辞和说法固然有其自我观照的睿智与犀利，但也不免夹杂着悔恨与偏激。

1904年4月6日，马一浮在美国"即事有感，得二绝句"，其绝句为：

> 独然心火照群魔，无复闲情度爱河。底事拈华重又梦，未须忏悔笑卢梭。
>
> 百哀历遍万缘轻，自绕恒河阅鼠生。无量人天欢喜相，一般罗刹斗胡兵。①

"即事有感"没有说明具体是什么事，但从这两首绝句的内容大致可以判断是男女情欲之事。这对于年方二十余岁、已丧妻两年且在异国他乡的青年来说确实是一个难以抵御的诱惑，但他却能"独然心火照群魔"，不为诱惑所动，其从佛学中所得定力和智慧确实令人赞叹。但从其"群魔""鼠生""罗刹"

---

① 《马一浮全集》第五册，第52页。

"胡兵"等偏激的措辞中,还是能感知他内心的冲突与孤傲。

研究马一浮早期思想,有一位他"命运中的贵人"不能不研究。他就是汤寿潜。汤寿潜,原名震,字蛰先(一说蛰仙),浙江萧山人,是清末民初教育家、政治家、实业家和社会活动家,也是晚清主张变法维新和君主立宪的重要人物。青年时曾出任浙江金华书院山长,主张教学以实用为务。其《危言》一书,是甲午战争以前宣传变法维新的代表作之一。汤寿潜不仅是马一浮的伯乐和老师,还是他的岳父和幕主。马一浮与汤家的关系之密切,可能是其他任何人都难以相比的。汤寿潜对于马一浮的影响主要表现在这样几个方面:首先,作为翰林院庶吉士,他对马一浮这匹千里马的发现与器重,大大地提升了马一浮的才学名气;其次,他把马一浮招为学生和女婿,大大地拓展了马一浮的人脉关系;第三,他对马一浮不遗余力的资助,大大地改变了马一浮的人生轨迹;第四,他对马一浮的积极提携,大大地开阔了马一浮的眼界。对于"性慕幽遁,肆志玄览"的马一浮来说,"自放岩穴,远迹人间"①可能是他最感惬意的生活,但天佑善人,偏偏让他遇上了这位"指陈时弊,切中要害;援引典章,如数家珍;指中土症结,每多发聩之语;述外洋情事,全无隔靴之言"②的翰林院庶吉士,让他的人生平添了许多波涛和磨砺。

---

① 《马一浮全集》第二册,第358页。

② 熊月之:《汤寿潜与浙江人文传统》,载陈志放主编:《汤寿潜研究》,团结出版社1995年版,第291—292页。

汤寿潜经常为马一浮介绍维新思想与相关著作，并劝他去上海、北京等大城市开阔眼界，学习新知。父亲去世以后，马一浮到上海，与马君武、谢无量合办《二十世纪翻译世界》杂志，译介西方著名的文学作品与哲学、社会学、政治学名著。他们还接触了在上海办报宣传革命的章太炎、邹容、章士钊等人，政治思想深受革命志士的影响。光绪二十九年（1903），清政府任命溥伦亲王为团长，率团参加明年在美国圣路易斯举办的第12届世界博览会。马一浮也以清政府驻美使馆留学生监督公署工作人员的身份随团去了美国。在横渡太平洋的海轮上，马一浮吟诗四首，表达的都是离愁别绪与对国家衰亡、国民愚痴的忧思，而不是迎接新生活的豪迈与憧憬。①

马一浮在圣路易斯一共居住了309天，除了日常工作和休闲娱乐，他把绝大部分时间和精力放在了购书和读书上。工作和休闲中，所见多是西方科技与管理之先进、人性之自由舒展，洋人对华人的种种傲慢与不公，以及在美华人的"奴隶种性"与种种蠢行。他到圣路易斯的第七天就径直"截辫改服"，西装革履，这称得上是他一生中最"革命"的行动了，以至于"同住者皆笑而讪之"。可在他看来，这些继续拖着长辫子、一再表示要效忠清廷的同住者却是"真奴隶种"。他甚至主张推翻清政府，但这只是内心里的主张而已。②

---

① 参见《马一浮全集》第五册，第28页。

② 参见《马一浮全集》第五册，第7页。

马一浮甚至把对清政府的怒火迁于东墅马氏世世引以为荣的儒家文化。在1904年（光绪三十年）3月12日的日记中，他写道："宋明以来，腐儒满国，此人（指金圣叹——引者注）特聪明，有自由思想，而世人乃以轻薄诟之，可哀也。"①4月，马一浮对中国君权与儒教的厌恶达到巅峰。22日，他在日记中写道："中国经数千年来，被君权与儒教之轭，于是天赋之高尚纯美勇猛之性，都消失无余，遂成奴隶种性，岂不哀哉！"②这暴露出东墅马氏十六世"世世以儒学著"和"代有清德"的家风家教对他的影响是双面的：既是他引以为傲的祖上荣光，也是他深感压抑的思想包袱。这是马一浮一生挥之不去的内心纠结，以至于他在自题墓志时还不知道自己究竟属于何种学派，称自己的学问是"或儒墨之同流"。

值得注意的是，马一浮的这些革命言论都只是停留在他的日记里，并未见诸书信，更未公开发表。从《一佛之北米居留记》记录的有关"老蛰"（汤寿潜）的信息来看，虽然他们通信频繁，但看不出他向自己的岳父吐露过革命的心声。汤寿潜指望他为变法维新与君主立宪效力，绝不赞成他闹革命，所以他对汤寿潜来信的观点颇不以为然，或谓之"不甚当于理论"，或谓之"未免不合论理"，或谓之"于伦理未尽合"。

《一佛之北米居留记》记录了马一浮在美期间大量买书、读

---

① 《马一浮全集》第五册，第48页。

② 《马一浮全集》第五册，第55页。

书、翻译、研究的情况。短短几个月的时间里，他就购买和阅读了亚里士多德、卢梭、密尔、斯宾塞、黑格尔、赫胥黎、达尔文、孔德、但丁、拜伦、莎士比亚等欧洲大文豪和大学者的作品100多种。这些书他或邮寄回国，或随身携带。1903年（光绪二十九年）9月23日，他在日记里就记录了他想买马克思《资本论》来研究的心愿，但直到次年3月17日才买到。当天的日记记录了他兴奋异常的心情："下午得英译本马格士《资本论》一册，此书求之半年矣，今始得之，大快，大快！胜服仙药十剂！予病若失矣。"①

马一浮在美国的这些思想与情绪自然不为清廷所容，与同事也很难合群，他是被溥伦革职而被迫回国的。回国后，他依然同情革命者，对日译路易斯·博洛尔（1843—1900）的《政治罪恶论》和英译卢梭（1712—1778）的《社会契约论》高度重视。宣统元年（1909），他与王钟麒（1880—1913）结识，相见恨晚，答应以王钟麒的笔名"无生生"在《民立报》上发布《政治罪恶论》的译稿。

光绪二十七年（1901）至宣统三年（1911）这十年，马一浮对中国社会现实和中国传统文化的态度总体来说是批判的，对腐朽的清政府是憎恶的，对西方的自由思想是赞赏的，试验了一场"灵魂深处闹革命"。谓之"灵魂深处"，是因为他这场"革命"大多停留在日记或诗词里，想得多，写得少，喊得多，

---

① 《马一浮全集》第五册，第50页。

干得少，并没有什么实际的"革命"行动；谓之"闹"，是因为他这场"革命"持续的时间很短，颇似叛逆期的孩子自己跟自己闹别扭。所以，他这时期的文字是比较情绪化甚至偏激的。

1917年6月6日，汤寿潜去世，马一浮为他写的挽联是：

> 见器在髫年，谓曰可妻，藐是流离，白水祇余镌墓字；
> 相从更晚岁，视之犹子，茫然天地，三山空馈授衣文。①

挽联只写了汤寿潜对自己的器重与"视之犹子"的感情，却未涉及汤寿潜对他思想和学问上的影响。在《挽外舅汤蛰先先生联跋》中，他才比较正式地指出了他与岳父思想的不同。他说：

> 浮既少孤，实秉考训以托于先生。先生不忘先世之好，其遇浮也，犹二刘之于晦庵。给浮之为学，其所入与先生异，其事先生不能如勉斋之于朱子。先生不以其学之异趣而弛其爱也。感念生平，法然增戚。②

这段跋语的大意是，他少年时期父母先后故去，他是秉承父亲的遗训而追随汤先生的。言外之意，这不是他自主的选择。汤先生不忘两家先辈的情谊，对待他就像南宋理学家刘勉之

---

① 《马一浮全集》第三册，第786页。
② 《马一浮全集》第二册，第70页。

（1091—1149）和刘子羽（1101—1147）对待朱熹（1130—1200）那样。刘勉之没有儿子，视朱熹如同自己亲生，不仅悉心培养，还把自己的独生女嫁给了朱熹。"给浮之为学"的意思，是"资助我学习"。"其所入与先生异，其事先生不能如勉斋之于朱子"，是这段跋语的核心内容。意思是，我所接受的思想与汤先生不同，所以侍奉汤先生不能像黄榦侍奉朱熹那样。黄榦，号勉斋，是朱熹的弟子，后来被朱熹招为上门女婿，差不多一生都在学习和传承朱熹的学说。汤先生没有因为女婿与自己为学的道路不同而减少对他的关爱，所以马一浮感念汤先生平生对他的种种关爱，不禁落泪，倍加哀伤。这篇《挽外舅汤蛰先先生联跋》虽然点到了"其所入与先生异"，却未明确指出所异在哪里。但在马一浮代写的《汤蛰先先生象赞》与《汤蛰先先生家传》中，则明确指出了他们的差异何在。《汤蛰先先生象赞》说，汤寿潜"道似墨而本则儒，形虽充而神则俭。勤于众以忘其躯，智之绌而德之符。无希文之后乐，有君实之名迂"①。"道似墨""神则俭""智之绌"等已极其委婉地点到了汤寿潜为人为学的不足处。《汤蛰先先生家传》是马一浮于1925年12月代汤寿潜的生前好友张謇所作，是记述汤寿潜其人其学最为全面而严谨的文章之一。其中，最精要的一段如下：

综君之用心，盖有墨翟、宋钘之仁；其发为文章，则

---

① 《马一浮全集》第二册，第284页。

王符、仲长统之选也。德信足以抚众，智通足以虑物，果任足以成务。使其得位善世，则子产、西门豹之绩宜若可几。然君遭逢屯难，徒以适变一时，才业不竟，惜哉！浅俗以君名显当世，乃不知其厄也。①

至此，马一浮与汤寿潜为学之异趣才被他明确地说出来。马一浮认为，汤寿潜之仁属于"墨翟、宋钘之仁"，而他自己所学之仁乃是孔孟之仁。弟子王子游曾经问马一浮："墨子兼爱，行仁而过；杨子为我，行义而过。是否？"马一浮回答说："仁义岂有过？行之而过，即非仁义。杨、墨之过，正在不识仁义。彼将以为仁而不知其陷于不仁也，将以为义而不知其陷于不义也。以杨、墨为行仁义之过，非是。"②墨翟和宋钘都主张禁攻寝兵，反对战争，看上去像是出于仁义，但实际上他们反对战争的理由都是"言其不利"，即出于功利的计算。只要是出于功利的计算，反战与好战就没有什么本质的不同，人们既然可以因为不利而反战，也完全可以因为有利而好战。所以孟子要对宋钘说："先生以利说秦楚之王，秦楚之王悦于利，以罢三军之师，是三军之士乐罢而悦于利也。为人臣者怀利以事其君，为人子者怀利以事其父，为人弟者怀利以事其兄，是君臣、父子、兄弟终去仁义，怀利以相接，然而不亡者，未之有也。"（《孟

---

① 《马一浮全集》第二册，第241页。
② 《马一浮全集》第一册，第535页。

子·告子篇》）马一浮向来不喜欢墨子，他赞同荀子"墨子蔽于用而不知文，宋子蔽于欲而不知得"[1]的判断，认为"墨子之于《礼》《乐》，是得少失多也"[2]。在他看来，"墨子种种主义，庄子'绳墨自矫'一言判尽。既意存于矫，即安排造作，全是习气增上。故谓之才士则可，非闻道者也"[3]。也就是说，在马一浮看来，汤寿潜之仁还不是孔孟之仁，汤寿潜之学还不是孔孟之学。他之所以要如此郑重地指出其学与汤寿潜之学的不同，是因为这事关学问之道的真血脉，"差之毫厘，失之千里"，容不得丝毫出于俗情的苟同。不过，在笔者看来，马一浮做这样的辨析与切割，似乎缺少了点人情味。毕竟同是岳父，汤寿潜对他的恩情丝毫不亚于朱熹对黄榦的恩情；但同是女婿，他报答汤寿潜却未能像黄榦报答朱熹那样。

光绪二十九年（1903）8月7日，在美国才待了一个多月的马一浮就给汤寿潜写信，"极言此间之腐败不可以居，拟稍稍引去而学于日本"，汤回信批评他"任性好弄"。所谓"任性"，就是特别执著自我，固执己见。所谓"好弄"，就是贪玩。马一浮沉迷于读书、作诗、书法、交游等，在主张实学事功的汤寿潜看来这是一种贪玩，从克己复礼的修身功夫角度看就更是一种贪玩了。"任性好弄"四个字，一针见血地指出了马一浮身上的积习。马一浮把美国"不可以居"归咎于那里的"腐败"，实

---

① 《马一浮全集》第一册，第109页。

② 《马一浮全集》第一册，第12页。

③ 《马一浮全集》第二册，第413页。

则反映了他不善于与人相处，不善于适应陌生的环境，想要逃离美国，到日本与马君武、谢无量等好友在一起。所以，他承认汤对他的批评"颇深中予病"。在给汤写信的同一天，他还给大姐写信说："家时姊谓浮不知与人处之难，曩时犹谓此持保守之见耳，英雄之于人，何所不可。乃今思之，其言良是，不可易。益叹吾姊阅历之深，万非吾所及也。"①知弟莫如姊，对马一浮的性格问题他大姐应该是知之深切的。但他给大姐的这封信很明显只强调"与人处之难"的客观一面，却未反省自己的"任性好弄"。也正是唯我而任性，他常常感叹身不由己。

值得特别指出的是，把汤寿潜之学归为"墨翟、宋钘之仁"，很有可能是马一浮从其程朱理学的视角拘执言说、坐而论道的抽象定性。如果兼顾做人做事的复杂性和"方便即究竟"的自然活泼之理来看，恐怕结论就不是这么简单的了。马一浮与汤寿潜的为学旨趣确实大相径庭：一则"性慕幽遁，肆志玄览"，一则志在变法维新，实用为务；一则明哲保身，一则奋不顾身。汤是"事可以弭祸乱，纾疾苦，则忘身殚虑以赴之"②；马却是遇到麻烦就很容易抱怨、逃避。汤给马一浮写信"勉以学法科"③，无非是希望他从务虚回归务实。汤一句"任性好弄"就能深中马一浮之"病"，他能在清末乱局中"德信足以抚众，智通足以虑物，果任足以成务"，善始善终，深孚众望，其

---

① 《马一浮全集》第五册，第8页。

② 《马一浮全集》第二册，第267页。

③ 《马一浮全集》第五册，第52页。

智慧不可谓不大，而马一浮憾其"智之绌"，责其"不甚当于理论"，殊不知自己恰恰是被自以为"甚当"的"理论"障碍了。这是读书人最容易有的所谓"我慢"与"理障"。马一浮出类拔萃的读书能力和写作能力又大大地加固了他的"理障"，助长了他的"我慢"。汤寿潜"不以其学之异趣而弛其爱"，不仅心胸气量远大于马氏，道德和智慧也远在马氏之上，所以能令其"感念生平，泫然增戚"。

马一浮自光绪二十七年（1901）至宣统三年（1911）的思想变化，既有受汤寿潜影响尝试积极入世的一面，也有与汤氏渐行渐远而终于折返的一面。这十年的耳闻目睹与所思所想，也如余一泓所说，让马一浮"意识到了恶浊、悖德之事的虚无性，也发现了在剥离现实利害、差别之后，真切可知的惟有一身之德行和一心之德性"①，即是马一浮想要顺着汤寿潜的指引突破"夙嗜文史""性慕幽遁"的积习而实干一番事业的尝试破灭。从某种意义上说，马一浮身上根深蒂固的"幽独"习性成就了他的独特学术造诣。在余一泓看来，"在马一浮早年的道德理想主义情怀和对恶浊现实的批判中，藏有后来六艺一心论的学理根荄"②。

## 三、委巷穷居，幽赞微言

光绪三十一年（1905）辞别谢无量等好友后，马一浮先后

①余一泓：《论马一浮儒学思想之形成》，载《台大文史哲学报》2023年总第99期。
②参见余一泓：《论马一浮儒学思想之形成》，载《台大文史哲学报》2023年总第99期。

寄居镇江焦山的海西庵和杭州孤山的广化寺，并广泛阅读海西庵"仰止轩"藏书以及孤山文澜阁《四库全书》，奠定了其后来讲学于浙江大学和复性书院的深厚学养，也让他深得"肆志玄览"之乐。

辛亥革命后，马一浮对革命的兴趣骤然降温，积极探寻革命后整个社会的道德树立与文化建设的深层理趣与可靠基础。1912年，马一浮应蔡元培邀请，出任民国教育部秘书长，不到半个月就挂冠而去。同年，他还以"被褐""圣湖野叟""宛委山人"等笔名，为王钟麒与章士钊合办的《独立周报》供稿。1913年王钟麒去世之后，马一浮开始告别文论与政论的写作，转而与叶渭清等人一起共读《论语》，又跟月霞禅师、楚泉禅师研习佛法。马一浮会通儒佛的契机，当属楚泉禅师对他的棒喝。这次棒喝对马一浮的意义，就是使他悟到"从上圣贤，唯有指归自己一路是真血脉"[1]，让他从功业之幻转进到德性之实，进而成就了他对儒家入世之道的理解。诚如余一泓所说：

> 马一浮之于佛学，得力处在于对自心本体或者说本性的体认，他经此见得人间万行无非此心发用。仔细来说，惟心体遵循天理的恰当发用方能成就善行、善政。由此，马氏毕生所讲之学也就是告诫学人维系此理的复性之学、

---

[1]《马一浮全集》第一册，第424页。

见心体之学。①

学界普遍认为，青年马一浮在辛亥革命前后思想上发生了剧变，从此前关注现实、批判时政的激越骤变为回归传统、出入儒佛的宁静。余一泓等人的研究则表明，马一浮的"变"中其实一直暗藏着一根"不变"的主线，那就是他的"道德理想主义情怀"。他对现实政治的批判、现实社会的不满、现实文化教育的失望，在相当大的程度上都是因为他的"道德理想主义"，他后来自匿陋巷、潜心国学亦因为他的"道德理想主义"。经过十年的游学，尤其是在翻译了博洛尔的《政治罪恶论》之后，他已经对全部人类的现实社会和政治感到失望了。有感于在五浊恶世难以有所作为，马一浮回国后时常流露出"永怀抱木志，冥没求吾真"②的"遗民"之意。光绪三十三年（1907），在为田毅侯所编《宋遗民诗》写的序中，马一浮谈了他对于"遗民"的看法。他说：

> 且夫士有能洁其身者，虽言之近激，行之若未醇，苟其志欲天下去滓而之洁，圣人未尝不称焉。圣人非乐天下之竞为洁也，天下竞为洁，则天下滓久矣。故洁其身，士之职也；使天下归乎洁，圣人之心也。今夫伯夷，清者也，

---

① 余一泓：《论马一浮儒学思想之形成》，载《台大文史哲学报》2023年总第99期。
② 《马一浮全集》第三册，第727页。

仁于孔，圣于孟。彼唯哀世之不洁，仁之不同，物为己病，穆然深忧，甘饿死不悔。司马迁摭六国难信之词而疑其怨，若夷独区区耻食周粟以为高然，岂得谓知圣人之心哉。唐韩愈造《伯夷颂》，谓微夷则乱贼塞后世，吾未见其贤于司马氏之言也。①

这段序言首先提志士洁身自好、遗世独立的行为是圣人所赞赏的，又用至圣孔子称伯夷之仁和亚圣孟子称伯夷之圣的典故，肯定了人格高洁与存在的价值。值得注意的是马一浮对司马迁和韩愈的批评。早在春秋时，子贡便已怀疑伯夷、叔齐宁肯饿死也不吃周朝的粮食是出于怨恨，非啻"司马迁摭六国难信之词而疑其怨"。子贡问孔子："伯夷、叔齐何人也？"孔子回答说："古之贤人也。"子贡又问："怨乎？"孔子说："求仁而得仁，又何怨？"（《论语·述而篇》）对于伯夷，大贤如子贡尚且"疑其怨"，司马迁有此质疑不亦宜乎？孔子的回答也未必不是当机施设的"对治悉檀"。从某种意义上说，马一浮对司马迁的批评，既是替伯夷辩护，也是替自己辩护。马一浮在所写《政诚序》中加了旁批，谓是年少之作，"语过愤激，非义理之正，宜删"②。余一泓注意到了马一浮的"不合群"问题，并把这个问题的原因大致归结为"年少以才名称的境遇以及家庭

①《马一浮全集》第二册，第1页。
②《马一浮全集》第二册，第2页。

中的慈孝气氛"，以及他身上极强的"道德理想主义情怀"①。
这个看法客观且正面，既然有"傲气"，自然免不了"怨"或
"语过愤激"。马一浮身上不光有"傲气与峻洁"，还有"娇气"
的一面。读青年马一浮的著述，笔者常常会联想到家里有几个
姐妹的"独生子"的性格特征。光绪三十四年（1908）二月二
十五日是马一浮二十五岁生日，他大姐马明璧为他买酒做面庆
生，他写了一首想做"遗民"的诗：

> 扰扰绵千载，艰危只一身。繁忧看貌改，渐老觉情亲。
> 却喜归蓬荜，相期学隐沦。敢云能避世，但分作遗民。②

　　这首生日诗无一丝庆生的喜庆，也没有二十五岁"男儿当
自强"的热情，表达了对世事纷扰的厌恶，对人生艰难的感慨
以及对简朴、隐居生活的向往。无怪乎熊十力教授要把马一浮
比作《红楼梦》里的妙玉！四年后，马一浮从教育部辞职，此
后"委巷穷居"二十多年。

　　1916年12月，蔡元培出任北京大学校长伊始即诚邀马一浮
去北大任教，马一浮于1917年1月17日回信谢绝了蔡元培的邀
请。信中说：

---

①参见余一泓：《论马一浮儒学思想之形成》，载《台大文史哲学报》2023年总第
99期。
②《马一浮全集》第三册，第730页。

承欲以浮备讲太学，窃揽手书申喻之笃，良不敢以虚词逊谢。其所以不至者，盖为平日所学，颇与时贤异撰。今学官所立，昭在令甲。师儒之守，当务适时，不贵遗世之德、虚玄之辩。若浮者，固不宜取焉。甚愧不能徇教，孤远仁之勤。幸值自由之世，人皆获求其志。委巷穷居，或免刑戮。亦将罄其愚虑，幽赞微言，稽之群伦，敬俟来哲。研悦方始，统类犹乏，以云博喻，实病未能。若使敷席而讲，则不及终篇而诟诤至矣。①

这封书信所谈，不仅审时度势，合理合法，而且推心置腹，合情合礼，颇见君子"出处抱义，皭然不污"的智慧，很能说明他隐居生活的实质。因此，本书截取其中"委巷穷居"和"幽赞微言"两句作为本小节的标题，以标识马一浮的"委巷穷居"不只是随顺他"夙嗜文史""性慕幽遁"的积习，更有他胸怀大志的深谋远虑。"罄其愚虑，幽赞微言，稽之群伦，敬俟来哲"的意思是，他将尽其所能，阐明六经的微言大义，与同仁切磋研讨，以供未来的哲人批评指正。言外之意，他深知自己所信所学不合时代潮流，但坚信中华优秀的传统文化在未来必定复兴，欲通过自己的潜心钻研和系统整理，为中华民族文化的伟大复兴做些守先待后的工作。

---

① 《马一浮全集》第二册，第294页。

# 继往圣绝学　开万世太平

　　1937 年 11 月至 1940 年 2 月，因遭日军侵略逼迫，浙江大学进行了闻名于世的"文军长征"。马一浮一家十五口人先是从杭州避难至桐庐，又从桐庐到开化。日军步步进逼，形势危在旦夕。为了相依为命的一家十五口人，1938 年 2 月 12 日马一浮不得不写信给浙大校长竺可桢，明面上是想请他以浙江大学的官方身份帮忙在江西泰和找处安身之地，实则是委婉地表达愿意到浙大任教的信息。竺可桢早在 1930 年就委托王子余（1874—1944）劝请马一浮到浙大任教。1936 年 4 月 25 日，竺可桢正式出任浙大校长，他于 5 月 24 日和 7 月 17 日先后两次登门拜访马一浮，并请马一浮的好友寿毅成、王子余、张圣征等人多方劝说，希望马一浮能到浙大任教。竺可桢还因为他有所谓"礼闻来学，未闻往教"观念，破例同意浙大学生到他家里去听讲，并准备在刀茅巷十七号特备一间房供他讲课用，甚至允许他所授课程不列入"普通学程"，而另外以一种类似于西方大学的 Seminar（研讨课或培训会）形式开设。竺可桢连续六七年的盛情美意，都被他婉言谢绝了，现在因为战乱和家人，他不得不妥协，主动给竺可桢写信，希望能得到他的帮助。竺可桢得信后，专门为此事召开会议，与诸位教授商量，众人一致认为人才难得，表示欢迎。于是，马一浮一行在1938年3月29日抵达江西泰和，与浙大师生会合。4月4日，浙大发放聘函，正式聘请马一浮，允许其以"特约讲座"形式授课。4月9日下午，马一浮正式在浙江大学上课，由此结束了他二十多年的"遗民"生活，开启了他人生的二度"出山"之旅。这段"出山"之旅，笔者将分为浙江大学和复性书院两个阶段来介绍。

## 一、楷定国学于浙江大学

马一浮在浙大泰和校区为浙大师生讲授国学，提出了他的国学体系理论，前后有十二讲，讲义辑为《泰和会语》。其内容包括《引端》《论治国学先须辨明四点》《横渠四句教》《楷定国学名义》《论六艺该摄一切学术》《论六艺统摄于一心》《论西来学术亦统于六艺》《举六艺明统类是始条理之事》《论语首末二章义》《君子小人之辩》《理气》《知能》。另有三篇附录，即《论老子流失》《赠浙江大学毕业诸生序》《对毕业诸生演词》。

《引端》首先说明开设国学讲座的意义，勉励浙大师生"于吾国固有之学术得一明了之认识"，"发扬天赋之知，能不受环境之陷溺，对自己完成人格，对国家社会乃可以担当大事"。马氏号召大家树立三种信心："信吾国古先哲道理之博大精微，信自己身心修养之深切而必要，信吾国学术之定可昌明。"还鼓励众人树立高远的理想："不独要措我国家民族于磐石之安，且当进而使全人类能相生相养而不致有争夺相杀之事。"

《论治国学先须辨明四点》的主要内容是：第一，须辨明此学不是零碎断片的知识，而是有体系的，不可当成杂货；第二，须辨明此学不是陈旧呆板的物事，而是活泼泼的，不可目为古董；第三，须辨明此学不是勉强安排出来的道理，而是自然流出的，不可同于机械；第四，须辨明此学不是凭借外缘的产物，而是自心本具的，不可视为分外。辨明第一点，就应该懂得"道本一贯，故当见其全体，不可守于一曲"；辨明第二点，就应该懂得"妙用无方，故当温故知新，不可食古不化"；辨明第三点，就应该懂得"法象本然，故当如量而说，不可私意造作，穿凿附会"；辨明第四点，就应该懂得"性德具足，故当向内体究，不可徇物忘己，向外驰求"。

《横渠四句教》讲的是北宋大儒张载（1020—1077）的四句话："为天地立心，为生民立命，为往圣继绝学，为万世开太平。"张载，字子厚，世称"横渠先生"。他这四句话志气豪迈、气象宏大、言简意赅，历代传诵不衰，被称作"横渠四句教"。马一浮讲"横渠四句教"的目的，是要启发当时还处在"文军长征"途中的浙大师生立大志，希望广大师生"竖起脊梁，猛着精采，依此立志，方能堂堂的做一个人"。他还劝勉大家说："须知人人有此责任，人人具此力量，切莫自己诿卸，自己菲薄。此便是'仁以为己任'的榜样，亦即是今日讲学的宗旨，慎勿以为空言而忽视之。"

《楷定国学名义》开宗明义："国学者，六艺之学也。"马一浮说："六艺者，即是《诗》《书》《礼》《乐》《易》《春秋》也。此是孔子之教，吾国二千余年来普遍承认一切学术之原皆出于此，其余都是六艺之支流。故六艺可以该摄诸学，诸学不能该摄六艺。今楷定国学者，即是六艺之学，用此代表一切固有学术，广大精微，无所不备。"①他还简明扼要地把"国学"这个名词的来龙去脉及其意义做了梳理，并将"楷定"与"确定""假定"严格区别开来。功底深厚，理定词畅，言简意赅，深入浅出，自尊自信，却不强加于人，是名副其实的国学大师手笔，当今甚嚣尘上的种种"国学"概念不可与之相提并论。本篇与《论六艺该摄一切学术》《论六艺统摄于一心》《论西来学术亦统于六艺》《举六艺明统类是始条理之事》四篇，共同构成了马一浮想写而未能写成的《六艺论》一书之基本框架，是马一浮把握我国学术源流的重大理论创造，对于从宏观了解我国传统学术一以贯之的整体性具有重要的参考价值。我们可以通过这五篇讲义，清晰地了解马一浮有关中国学术历史和中国学术体系之博大精深的思想。

以上几讲马一浮讲得都比较宏观，但他的宏观乃是建立在几十年的博览群书与精研基础上的宏观。接下来的《论语首末二章义》《君子小人之辩》《理气》《知能》诸篇相对比较微观，

---

① 《马一浮全集》第一册，第8—9页。

但其微观乃是建立在其对几千年中国学术的源流有了宏观了解基础上的微观。马一浮的几乎所有著述都是"极高明而道中庸"，精微而不繁琐，宏大而不空疏，深入浅出，妙理动人。

《论老子流失》《赠浙江大学毕业诸生序》《对毕业诸生演词》三篇虽然在《泰和会语》中只是作为附录，但其学术价值和教育意义丝毫不亚于上述诸篇。《论老子流失》看老子的问题可谓火眼金睛。一句"以佛语判之，便是有智而无悲，儒者便谓之不仁"，鞭辟入里，直指老子用心之偏失；一句"看来老子病根所在，只是外物"，切中肯綮，诊断老子哲学之病根；一句"法家之不仁，不能不说老子有以启之"，洞察流变，揭示老子与阴谋家和法家的渊源关系。马一浮说他讲老子问题的目的是"要学者知道心术发源处，合下便当有择。若趋向外物一边，直饶汝聪明睿智到老子地位，其流弊不可胜言"。

《赠浙江大学毕业诸生序》最值得注意的是追溯"士"的中国古义，其征圣宗经的古义，认为"士"与十九世纪以来流行的"知识分子"概念大异其趣。文中"但求无负其所学而不期于必用"云云，更是发时贤之所忽视，值得深刻体会。儒学首先是安心立命之学，齐家、治国、平天下只是此学水到渠成的自然应用。如果知识分子急于应用而不能从容培养其弘毅的心性，则其用也难免浅近、狭小甚至阴险、邪恶。《对毕业诸生演词》是马一浮于1938年6月26日在浙江大学第十一届学生毕业典礼上的讲话稿，也是他在江西泰和讲的最后一篇。这次演讲紧扣《大戴礼记》中孔子谈"士"的三句话"知不务多，而务审其所知；行不务多，而务审其所由；言不务多，而务审其所谓"展开，逻辑缜密，条理清晰，把大学毕业生于过去、现在、未来在知识、行动、言论三个方面的应有之义剖析得全面且深刻。其中，对当时流行的所谓"现实主义"的批判可谓入木三分。马一浮指出，"现实主义即是势力主义"，"其实即是乡原之典型"，"其唯一心理就是崇拜势力"。值得一提的是，《赠浙江大学毕业诸生序》与《对毕业诸生演词》也有其白璧之瑕，那就是理学家出于道德理想主义的告诫也有要求过高而不免绝对和偏激的瑕疵。

由于战争局势的变化，浙大被迫迁至广西宜山。马一浮于1938年10月26日到达宜山，继续进行讲学，其讲学文稿最后被辑录为《宜山会语》。其内容包括《说忠信笃敬》《释学问》《颜子所好何学论释义》《说视听言动》《居敬与知言》《涵养致知与止观》《说止》《去矜上》《去矜下》等九篇。

《说忠信笃敬》一篇，是马一浮指导浙大师生进德修业最切近功夫的入门方法。"忠信笃敬"出自《论语》"子张问行"："子张问行，子曰：'言忠信，行笃敬，虽蛮貊之邦，行矣。言不忠信，行不笃敬，虽州里，行乎哉？'"子张问的这个"行"，类似于今天所说的"适应环境"，就是"行得通""吃得开"的意思。子张关心的是做人的效果，而孔子回答的却是修己的功夫，而且这一功夫还特别简单易行，只有"言忠信，行笃敬"六个字而已。马一浮在宜山首讲就讲《论语》这一章，正是针对当时整个学术界"治学务外而忽内"的普遍问题而讲的。

《释学问》是在上一篇批评"如今一般为学方法"的基础上，进一步指出今人对于"学问"的错误观念："如见人读书多、见闻广，或有才辩、能文辞，便谓之有学问。"在马一浮看来，古人所说的"学问"不是这样的。有知识、有才能并不等于有学问，对于圣贤君子来说，学问却在他处。他说：

> 知识是从闻见得来的，不能无所遗；才能是从气质生就的，不能无所偏。（今所谓专家属前一类，所谓天才属后一类。）学问却要自心体验而后得，不专恃闻见；要变化气质而后成，不偏重才能。知识、才能是学问之资借，不即是学问之成就。唯尽知可至于盛德，乃是得之于己；尽能可以为大业，亦必有赖于修。如此，故学问之事起焉。是知学问乃所以尽知尽能之事，而非多知多能之谓也。①

《颜子所好何学论释义》是马一浮对北宋程颐十八岁时所做《颜子所好何学论》的注释和讲解，可以视为对前篇《释学问》的进一步举例阐发。周敦颐（1017—1073）《周子通书》云："伊尹、颜渊，大贤也。伊尹耻其君不为尧、舜，一夫不得其所，'若挞于市'。颜渊'不迁怒，不贰过'，'三月不违仁'。

---

① 《马一浮全集》第一册，第46—47页。

志伊尹之所志，学颜子之所学，过则圣，及则贤。"①马一浮讲程颐的《颜子所好何学论》时就引述过这段话，并且多次用"志伊尹之所志，学颜子之所学"这两句来勉励学子。伊尹是入世担当的典范，颜回是克己复礼的典范。周敦颐的这两句实际上囊括了儒家的"内圣外王"两个方面：以"内圣"成己，以"外王"成物。程颐在《颜子所好何学论》中开篇就说："圣人之门，其徒三千，独称颜子为好学。夫《诗》《书》六艺，三千子非不习而通也，然则颜子所独好者何学也？学以至圣人之道也。圣人可学而至欤？曰：然。"后面的全部论述都是紧紧围绕这两个设问展开的，密切联系实际，有立有破，情理交融，对人的启发甚深。

《说视听言动》《居敬与知言》《涵养致知与止观》《说止》《去矜上》《去矜下》这六篇，与《泰和会语》中的《理气》《知能》一样，都是讲解理学"义理名相"的。所谓"义理名相"，就是关于心性义理的基本概念。这些概念属于理解儒家乃至中华优秀传统文化最基础性的范畴，所以马一浮在浙大讲学时都一一做了删繁就简、深入浅出的讲解，为学者进一步深研国学奠定了一定的基础。

马一浮在宜山还应竺可桢的邀请，为浙江大学创作了校歌歌词并做了讲解。这首校歌由著名作曲家应尚能谱曲后一直传唱至今。2014年，教育部新闻办公室官方微博"微言教育"公

①《马一浮全集》第一册，第52页。

布了最受网友欢迎的高校校歌前十名名单，《浙江大学校歌》荣登榜首，实至名归，荣获"最美校歌"称号。

马一浮在浙江大学的讲稿，先被辑成《泰和会语》，后被辑成《宜山会语》，最终于1940年在乐山由沈敬仲、乌以风、张立民等七人合辑为《泰和宜山会语合刻》。其初版为木刻本，由马一浮亲自题写书名，成为浙江大学的珍贵文献。

## 二、阐发六经于复性书院

马一浮当初一直不肯接受蔡元培、陈大齐、竺可桢等著名校长的邀请，到这些名校任教的根本原因在他于1917年1月17日给蔡元培的信中已经表述得非常清楚，不外乎两个方面：一是"平日所学，颇与时贤异撰"，二是他从根本上不赞成当时的教育制度。君子以义合，不合则离，这是马一浮一直不肯到高校任教的根本原因。在《复性书院学规》中，马一浮对自己与教育制度的"道不同"剖析得清楚明白。他说：

> 彼则树立鹄的，驱使力赴；此乃因其本具，导以共由也。又今日所谓养成学风，亦非无验。然其原于一二人之好乐，相习而成，有分河饮水之嫌，无共贯同条之契。此则合志同方，营道同术，皆本分之事，无门户之私也。①

---

① 《马一浮全集》第一册，第86页。

所谓"树立鹄的，驱使力赴"，就是由统治者按照自己的"三观"为教育树立培养目标，动用一切手段（包括奖励和惩罚）来驱使师生朝着这个目标奔赴。所谓"因其本具，导以共由"，就是循着人性本来就有的善根和慧根，引导师生遵循人性共通的道路循序渐进。马一浮称前者为"分河饮水"，称后者为"共贯同条"；前者是"门户之私"，后者是"本分之事"。总之，在马一浮看来，当时的大学教育"其有出资兴学者，亦只是俗学。学生入学只为出路，以学校比工厂，学生亦自安于工具，以人为器械，举世不知其非"①。理智的驱动与被驱动的智识，不过是孟子所说的"物交物，则引之而已"，教学双方都缺乏发自内心的真诚。在马一浮看来，"诚者天之道也，诚之者人之道也"，"不诚无物"，所以他要对马叙伦说"偭规改错，则教不由诚"，要对陈大齐说"教人不由其诚，教之所由废也"。此亦为他长期不肯接受大学聘用的根本原因。

1938年，马一浮接受浙大的聘用，只是战乱时的权宜之计。1938年4月3日，他到达江西泰和不久就给弟子王培德写信说："此间诸友，其知我自不如叶先生，然其意亦良厚。竺祭酒廉谨有余，余子亦各有所长。大都质美而未学，似难骤与适道。"他还说"今学校正是习气窠窟"，自己"终是校外别传"，"终自居客体，不在学校统系之内，庶可去住自由，观机而

---

① 《马一浮全集》第二册，第801页。

应"①。5月1日，他又给弟子张立民写信说："浙大非知我者，然其接也以礼，吾方羁旅择地，是亦可以暂寄，寇退则返浙亦近。"②他后来还说："吾来泰和，直为避难耳。浙大诸人要我讲学，吾亦以人在危难中，其心或易收敛，故应之。欲且与提持得一二，亦庶几不空过。"③今人很容易在对"国学大师"的浮慕与炒作中把马一浮在浙江大学的讲学经历想象得很美好，实则他在浙大的讲学并不愉快。他每星期仅讲一次课，而且还是在星期六的下午。他在给熊十力的信中说："弟在此大似生公聚石头说法，翠岩青禅师坐下无一人，每日自击钟鼓上堂一次。人笑之曰：'公说与谁听？'青曰：'岂无天龙八部，汝自不见耳。'弟每赴讲，学生来听者不过十余人，诸教授来听者数亦相等，察其在坐时，亦颇凝神谛听，然讲过便了，无机会勘辨其领会深浅如何，以云兴趣，殊无可言。"④

鉴于马一浮的教育思想与当时的教育体制格格不入，他的一些知心朋友和亲密弟子都想为他单独建立一处可以自由讲学的书院。在他还在浙大任教的时候，刘百闵、寿毅成、张立民等人就已经开始跟国民政府接洽，商议筹办书院事务。全民族抗日战争爆发后，蒋介石、孔祥熙、陈布雷、陈立夫等人也有

①参见《马一浮全集》第二册，第817—818页。引文中的"叶先生"指叶左文，"竺祭酒"指竺可桢。

②《马一浮全集》第二册，第795页。

③《马一浮全集》第二册，第796页。

④《马一浮全集》第二册，第480页。

尝试复兴中华优秀传统文化以匡补时弊的考虑，这就与刘百闵等人的动议不谋而合。马一浮虽然不抱什么希望，但还是随顺机缘，于1938年8月底离开江西泰和前夕"仅费一小时许"就草拟了一份《书院之名称旨趣及简要办法》，他称之为《简章》。马一浮反复强调，如果一定要以他为书院的主讲，就必须按此《简章》行事，否则即使书院建成了，他也不会去。他在1938年8月2日给寿毅成的信中说："国土危脆，人命无常，吾既衰老，不堪行役，日日不忘在沟壑。然讲学之事，固未尝一日而废。一人亦讲，无人亦讲，不必定要学校、书院也。[陈部长如必欲办书院，须完全用中国式。]"①马一浮对这份《简章》的看重程度甚至超过了书院本身，他曾言："书院不必期其实现，但简章可留为后法。"②

关于书院的名称，马一浮建议取名为"复性书院"。他的理由是：

> 学术人心所以纷歧，皆由溺于所习而失之，复其性则同然矣。复则无妄，无妄即诚也……自诚明谓之性，自明诚谓之教。教之为道，在复其性而已矣。今所以为教者，

---

① 《马一浮全集》第二册，第879页。中括号里的内容是书信中原有而在《主讲与创议暨筹委诸公往复函电》汇编时删除的内容。"陈部长"指当时重庆国民政府教育部部长陈立夫。

② 《马一浮全集》第二册，第485页。

皆囿于习而不知有性。故今揭明复性之义以为宗趣。①

关于书院教育的指导思想，马一浮强调"讲明性道，当依六艺为教；而治六艺之学，必以义理为主"。《简章》要求：

六艺该摄一切学术，不分立诸科，但可分通治、别治二门。通治明群经大义，别治可专主一经。凡诸子、史部、文学之研究，皆以诸经统之。②

关于书院的讲座安排，《简章》要求：

书院分设玄学、义学、禅学三讲坐，由主讲延聘精于三学大师，敷扬经论旨要，以明性道。③

关于书院同外语和科学的关系，《简章》要求：

外国语文、现代科学之研究，自有大学、研究院之属主之，不在书院所治。书院之设，为专明吾国学术本原，使学者得自由研究，养成通儒，以深造自得为归。譬之佛家之有教外别传，应超然立于学制系统之外，不受任何

---

① 《马一浮全集》第四册，第327页。
② 《马一浮全集》第四册，第327页。
③ 《马一浮全集》第四册，第327页。

制限。①

关于书院同现实政治与现行政府的关系，《简章》要求：

> 书院为纯粹研究学术团体，不涉任何政治意味。凡在书院师生，不参加任何政治运动。
>
> ……
>
> 须得政府特许，凡在书院师生及执事人员，一律免除兵役。②

关于书院的教学设备，《简章》要求：

> 书院须广蓄故书，且多贮副本，以备学生研讨。亦须置备外国文主要书籍，使学生得兼明外学，通知外事。
>
> 书院须备礼器、乐器，每年举行释奠于先师典礼一次，其余任何仪式，不随俗举行。③

关于书院的领导机构，《简章》要求：

> 依书院旧制，但立主讲，不分科目自由讲论。但得置

---

① 《马一浮全集》第四册，第327页。

② 《马一浮全集》第四册，第328页。

③ 《马一浮全集》第四册，第328页。

都讲，员额无定，由主讲指定，领导学生，以收薰习观摩之益。

……

主讲由倡议人延聘，都讲及执事人由主讲举任。①

关于书院的学生管理，《简章》要求：

学生不限年龄、资格，但须学有根柢，自具志愿书，经介绍人介绍，请受入院甄别试，录取者得入院肄业。

在院肄业，不立年限，不纳学费，一律酌予生活费，（不得过高。）使得专心于学。其卓然有成者，经主讲认可，得由书院刊布其论著。但满三年后，自请出院者，听之；其未及三年者，不得无故辍学。

学规另定之。其不能遵守学规，或违倍本院旨趣者，由主讲随时令其退席。②

关于书院的办学经费和校舍建设等物质基础，《简章》要求：

书院经费，暂由倡议人筹集，称家有无，以开筚路蓝

---

① 《马一浮全集》第四册，第328—329页。
② 《马一浮全集》第四册，第328页。

缕之功。然须为久远计,宜设基金会。基金来源,由个人志愿捐输,略如佛氏丛林及基督教会之制,不由政府支给。但政府为扶持文化,意主宏奖,量予资助,义同檀施。其经济须完全属于社会性,不为国立、省立,不关审计,由书院自设主计委员会掌之……其主计委员会,即由倡议人组织之,于经济负完全责任,主讲不问经济。

关于书院一切物质上之设置,由倡议人合议行之,但地点之选择及讲舍规制,须经主讲同意。①

马一浮最后提交给当局的《书院之名称旨趣及简要办法》,是在离开泰和时所草《简章》的基础上,又跟熊十力、张立民、刘百闵、寿毅成等人多次书信、电报往复磋商之后确定下来的。向当局开列上述条件,不仅不接受当局的领导和监管,反而要当局以"宾礼相待",可以说已经不只是"教外别传",简直就是划定"法外之地"了。马一浮本就对书院建成不抱希望,他不过是随缘谨表一种办学理念以俟诸将来而已。这些条件后因陈布雷联络而事闻于最高当局,当局居然全部接受了马一浮提出的条件。时任国民党军事委员会委员长的蒋介石与国民政府行政院院长孔祥熙、教育部部长陈立夫同为"倡议人"。倡议人是马一浮为办复性书院而立的一个比较特别的职务,既是书院的倡议发起人,又是书院经费的筹集人,类似于书院的董事会

---

① 《马一浮全集》第四册,第328—329页。

或基金会，但又不能干预书院的教学和师生的招聘。这相当于佛教僧团的"护法"，负责提供物质支撑和社会支持，还要尊重僧团，不得对僧团的内部管理发号施令。蒋介石与孔祥熙、陈立夫不仅自愿为倡议人，而且明确表示愿"始终以宾礼相待"。最终，倡议人正式礼聘马一浮为复性书院主讲，汇款千元作为川资，并派两辆大卡车到广西宜山迎接主讲等人。

马一浮于1939年2月8日从广西宜山出发，途经贵阳，于2月15日到达重庆，分别拜会了蒋介石、孔祥熙、陈立夫等政要和其他友人，3月9日到达复性书院所在地嘉定。他在4月4日给吴敬生的信中说："书院事当轴虽有意提倡，似未有明确之认识。吾方慎重考虑，尚未接受。"人都已经被接到了嘉定，还说"尚未接受"，足见马一浮对此事非常谨慎。他从广西一路走来，"所见所闻，无非怵目惊心之事"；在重庆停留了十天，"所见之人不为少，据理观察，终觉前路茫茫，少有希望。一派虚伪苟且之习，毫无忧勤惕厉之意"[1]。《马一浮评传》记有马一浮与蒋介石见面的情形，可以佐证马一浮这种"少有希望"之感：

> 蒋从容谓马曰："中正不学，忝主党国，任重事烦，缺失必多，幸识大师，愿垂教言。"马曰："浮山野之人，政治军旅之事，素非所习，深愧下问。妄谓国事万机，要在

---

① 《马一浮全集》第二册，第858—859页。

宽简。宽则民附，简则易行。法峻则民散，政烦则民惑。"马浮讲了这席话后，看蒋的态度并无忤意，似在倾听，于是开门见山曰："野夫陋儒，不堪下问，惟先儒有两句话是否可以奉告？"蒋曰："何言？"马曰："唯诚可以感人，唯虚可以接物，此是治国的根本法。"蒋闻之愕然。[①]

马一浮到达嘉定后即着手书院的筹备工作，起草了《复性书院缘起叙》《复性书院简章》《复性书院征选肄业生细则》等一系列文件。他还亲往乐山考察选址，一眼就相中了乌尤寺。乌尤山四面环水，涛声不断，绿树掩映，景色宜人。马一浮一生乐游山水，自然一见钟情。由于时局艰难，经费有限，书院只能先租借使用乌尤寺房屋。

5月开始招生，报考复性书院的有800余人，经过严格征选，仅录取30余人。因屡遭日军空袭，书院开学时间一再延后。1939年9月17日，书院在乌尤寺旷怡亭举行开讲典礼。参加开讲典礼的有主讲1人、讲友2人、都讲4人、执事2人，学生有13人到场，还有几位来宾，总人数不过二十几人。开学典礼的惨淡，似乎已预示了复性书院前景的渺茫。

复性书院本来就是一个纯社会性的学术团体。筹委会、董事会、基金保管委员会均由赞成书院宗旨的社会贤达和知名人士组成，如陈布雷、屈映光、谢无量、赵熙、熊十力、梁漱溟、

---

① 马镜泉、赵士华：《马一浮评传》，百花洲文艺出版社2015年版，第68页。

寿毅成、沈尹默、贺昌群、梅迪生、沈敬仲等，但大家对马一浮所定办学宗旨的认识并不一致。这些人中，马一浮最仰赖熊十力，但恰恰是熊十力跟他的分歧最大。正如任继愈先生所回忆的，"这两位学者治学不同，性格迥异。熊先生豪放不羁，目空千古。马先生温润和平，休休有容"①。在如何办书院的问题上，两人的分歧主要表现在招生的标准和毕业生的出路上。马一浮向来秉持"只图契理，不管契机不契机"②。他认为自己为书院所草拟的简章，虽然属于一时之念，但大体不可更改。1939年9月29日，他在给弟子张立民的信中，明确地定义书院的性质："欲以佛氏丛林制施之儒家，亦与旧时书院、今时研究院性质不同"③。他仿照佛教丛林制度来办复性书院的理由如下：

　　向来儒者讲学不及佛氏出人众多者，原因有二：一、儒者不得位，不能行其道，故不能离仕宦；其仕也，每为小人所排抑。佛氏不预人家国，与政治绝缘，世之人王但为外护，有崇仰而无畏忌，故得终身自由。二、儒者有室家之累，不能不为生事计；其治生又别无他途，不免徇微禄，故每为生事所困。佛氏无此。④

①《马一浮全集》第六册，第361页。
②《马一浮全集》第二册，第801页。
③《马一浮全集》第二册，第799页。
④《马一浮全集》第二册，第799页。

唯其如此，马一浮认为"今欲学者深入，纵不能令其出家，必须绝意仕宦，方可与议"，"必须将利欲染污习气净除一番，方可还其廓然虚明之体"。他说："学者若不能自拔于流俗，终不可以入德，不可以闻道。书院宗旨本为谋道，不为谋食。若必悬一出路以为之招，则其来时已志趣卑陋，所向既乖，安望其能有造诣邪？"①熊十力则主张应给学生发由政府签发的文凭，为学生的就业谋出路，否则书院不仅不能发展，反而会难以为继。马一浮批评熊十力"爱人之过，世情太深"②，熊十力则批评马一浮"执理废事"，不能理事圆融。两人的分歧不可调和，最后不得不分道扬镳。追随马一浮的贺昌群舍弃浙大教职，到复性书院辅佐马一浮，但不到半个月也因办学理念与马氏相左而辞职。

书院的主要事业，就是讲学和刻书。马一浮作为主讲，在复性书院系统地讲授了六经大义，亦即阐明了中国学术的一些基本精神。这些讲义后来辑录为《复性书院讲录》六卷。书院还聘请了几位德才兼备的著名学者讲学。对于今天的读者而言，阅读《复性书院讲录》能用较短的时间对中国学术的精神、旨趣和体系有提纲挈领的了解和正本清源的认识。从中还可以欣赏到"千年国粹，一代儒宗"的学问之美，直接感受其"读书破万卷，下笔如有神"的大师风范。

---

① 《马一浮全集》第二册，第488页。

② 《马一浮全集》第二册，第489页。

复性书院的讲学活动仅持续了前后不到两年，但书院并没有倒闭，而是转为以刻书为主。马一浮希望以此在战乱中保存中华文化的血脉。在他看来，"多刻一板，多印一书，即使天壤间多留此一粒种子"。他甚至不惜为此"纡尊降贵"，多次向海内外爱好其书法的人士发布"鬻字刻书"告示，将卖字所得用于刻书，刻印了《泰和宜山会语》《复性书院讲录》《尔雅台答问》《尔雅台答问续编》《濠上杂著》《蠲戏斋文选》《蠲戏斋诗词选》等多部著作。1945年12月，马一浮还亲笔草拟《复性书院拟先刻诸书简目》，分为四类：一名"群经统类"，二名"儒林典要"，三名"文苑菁英"，四名"政典先河"。"群经统类"主要选刻"六经大义可以为学术纲领"的经典，"儒林典要"主要选刻"先贤言语为学子所当知"的典籍。这两类书目自1940年开始刻印到1948年停止刻书时，已经出版流通"群经统类"11种21册、"儒林典要"17种17册，马氏草拟之简目所列的这两类书各只有一种未出，后两类均列而未刻。

抗日战争胜利后，马一浮还草拟了《复性书院修订规制刍议》，为书院东迁做准备，提出东迁后书院旨在"恢复讲习，推进刻书"，并建议书院设置院长和副院长。复性书院董事会于次年公推周钟岳为院长、沈敬仲为副院长。1946年1月至3月，复性书院全力准备东迁杭州事宜，马一浮也于5月24日移居杭州里西湖葛荫山庄复性书院新址内。书院同时租赁外西湖朱文公祠作为刻书处，继续刻书事业，但"恢复讲习"之事一直未能实现。1949年4月，复性书院改组为"智林图书馆"，此时距离 1939 年 4 月复性书院正式成立刚好十年。十年来，马一浮宣讲六经，著书立说，"为往圣继绝学，为万世开天平"的拳拳之心可以载诸史册。

"衡门无一事，老至且忘忧"，是马一浮于1950年所作《岁朝作》一诗的最后两句。衡门，即横木为门，指简陋的房屋，借指隐者所居。这两句诗能比较客观地反映马一浮晚年生活的基本状况和心态：一方面，他与新时代的文化潮流多有不合，他的道德学问在这个时代亦不足为范，通俗地讲，就是这个时代已经"没有他什么事儿了"；另一方面，他在这个新时代还算幸运，不仅没有因为曾经接受蒋介石、孔祥熙、陈布雷、陈立夫这些国民党人的支持办复性书院而成为"专政的对象"，而且在无儿无女的条件下还能衣食无忧。所以，笔者取这两句诗作为本节的标题。

## 一、博喻安诗，在志未逮

马一浮八十岁时自撰自书一副对联："博喻安诗，在志未逮；曲学阿世，相戒弗为。"①这副对联，上联是对自己晚年生活的回顾，下联是对自己晚年生活的警醒。《礼记·学记》说："君子知至学之难易，而知其美恶，然后能博喻。能博喻，然后能为师。""博喻"的意思是能因材施教，广泛地教人明白事理。"安诗"，在马一浮那里就是"安仁"，他认为"诗教主仁，以感为体"。就一生学问而言，他最感满意的就是他的诗，尝言："后世有欲知某之为人者，求之吾诗足矣。"②"博喻安诗，在志未逮"，即广泛地教化社会安于诗教之仁，虽然是我的志向所在，却未能实现。这是马一浮晚年生活的一大遗憾。

1950年1月，马一浮与蒋国榜签订合约，智林图书馆编纂处借用蒋氏在杭州西湖的别业蒋庄，将原在朱文公祠的刻书成果等转移至此，准备后续整理、编目。蒋庄位于今杭州市西湖区花港公园东大门附近，本是无锡人廉惠卿所建，原名"小万柳堂"，旧称"廉庄"，清宣统年间（1909—1911）转售给蒋国榜。蒋国榜得此楼后，改建屋宇，并改其名为"兰陔别墅"，俗称"蒋庄"。蒋国榜（1893—1970），字苏庵，江苏南京人，工于诗文，爱好书法，家有实业，喜欢公益事业，1947年成为马一浮的弟子，晚年常居杭州西湖，两人过从甚密。1950年5月31日，马一浮应蒋国榜邀请移寓蒋庄西楼香严阁，从者汤俶方、汤彦森姐弟及弟子龚慈受也随同迁入蒋庄。马一浮晚年一

①《马一浮全集》第六册，第86页。

②丁敬涵编注：《马一浮诗话》，学林出版社1999年版，第61页。

直住在蒋庄，直到"文化大革命"爆发。

如果说马一浮早年生活中最大的贵人是汤寿潜，其晚年生活中最大的贵人就应该是陈毅。晚年的马一浮与中华人民共和国政府第一次打交道，就跟陈毅有关。就在智林图书馆编纂处搬进蒋庄不久，浙江省军区第七兵团卫生部也看中了蒋庄，要求征用此地。马一浮与他们几经交涉都无结果，不得已于1950年4月写了《为浙江省军区第七兵团卫生部人员住用本院图书馆房屋拟请饬令迁让，谨具说略如左》的申诉书，誊写数份分送华东军区和浙江省领导机关及相关部门。时任华东军区司令员、华东野战军司令员兼政治委员和上海市市长的陈毅得知后，致信时任浙江省委书记、省人民政府主席、省军事管制委员会主任谭震林，称"复性书院为东南士子讲说性理之所……该院主持人马一浮先生是当代名儒，在学术界有相当地位。今该院图书馆房屋为部队住用，恐予人以不良印象，拟请饬令迁让"①。问题这才迎刃而解。

陈毅与马一浮自幼相识。②陈毅的姑妈陈雪湄是马一浮挚友谢无量的妻子。谢无量的父亲谢凤岗与马一浮的岳父汤寿潜是至交。谢无量十四岁就拜汤寿潜为师，十六岁就与马一浮结识，两人开始了长达六十余年的深情厚谊。1950年春③，陈毅到杭

---

① 《马一浮全集》第六册，第73页。
② 参见楼达人：《一代儒宗马一浮》，载《文史杂志》1990年第6期。
③ 丁敬涵说是"1951年春"，散木说是"1952年春"，这两个时间都不准确，应该是1950年春。

州西湖蒋庄拜访马一浮，"敦请马一浮出山"，请他担任上海文物管理委员会委员，这样不仅可以让马一浮发挥余热，而且可以帮他解决实际生活的困难。晚年的马一浮，面对接连不断的政治运动未受影响，遇到多种生活困难都能顺利解决，与陈毅的关照是密不可分的。这既有陈毅作为中共高级领导礼贤下士、尊重硕学名儒的公心，也有他与马一浮同好诗词、交谊深厚的特殊缘分。

马一浮的晚年生活以阅读、作诗、临池为主。他在晚年不仅大量阅读古代文献，而且在六十八岁时开始自学俄语，阅读苏联小说。诗、词、对联的创作更是数量惊人。其弥甥女丁敬涵的《马一浮年谱简编》记述其晚年事迹，按年统计其诗词创作的数量。从1949年至1966年，马氏共作诗1278首，平均每年71首，这还不包括他每年创作的词和对联。其《自检六十以后临写各体书尚有百余册因题其后》诗云："他年谁复叹人琴，一勺宁知海水深。独向寒潭窥鸟印，似闻枯木有龙吟。归根自得山川气，结习能消躁妄心。幸免三灾留片羽，千龄旦暮古犹今。"①这首诗写于1961年，马一浮时年已近八旬，也就是说，他在六十岁以后不到二十年时间里临写的各体书法作品就有一百多册，平生临写之勤，由此可见一斑。

马一浮晚年还能够这样自由自在地临池、阅读和写作，与其特殊的身份是分不开的。他于1950年4月被聘为上海市文物

---

① 《马一浮全集》第三册，第541页。

管理委员会委员，8月以特邀代表身份出席浙江省第一届人民代表会议；1953年3月浙江省文史研究馆成立，他当选为首任馆长；1954年12月，以特邀委员身份参加中国人民政治协商会议第二届全体会议；1955年2月，当选为浙江省政协第一届委员会常委，4月被聘为浙江省文物管理委员会顾问；1959年4月，当选为第三届中国人民政治协商会议全国委员会委员；1961年10月，被聘为浙江省政协文史资料研究会委员；1965年1月，当选为第四届中国人民政治协商会议全国委员会委员。他享受的是全国政协委员的待遇，每月工资280元，其内侄汤彦森月工资仅有53元，汤彦森的妻子只有三十几元。[1]汤彦森夫妇毕竟还是有文化的人，工资水平已相对较高，比他们工资低的人更是不计其数。

与当时只有几十元的月平均工资相比，马一浮能每月拿到280元的工资，足见其收入之高，所以汤彦森家里钱不够用时，他还能时常照应他们。马一浮一介书生，没有什么经济来源，早年生活主要靠汤彦森的祖父汤寿潜供给。1917年汤寿潜死后，汤彦森的父亲汤孝佶继续在经济上支持他。新中国成立后，反倒是他接济汤彦森一家以及其他亲戚和朋友。

住在风景如画的西湖蒋庄，享受全国政协委员的待遇，生活起居有专人照顾，平时可以自由自在地吟诗作书、交友会客，

---

[1]参见杨际开：《马一浮先生事迹撷遗——访民国浙江首任都督汤寿潜先生之孙汤彦森》，载《杭州师范学院学报（社会科学版）》2002年第5期。文中没有说明是哪一年的工资状况。

马一浮的晚年生活可谓无忧无虑。这一切都与党和政府的各项方针政策（包括知识分子政策）密不可分。但外因只是变化的条件，内因才是变化的根源。马一浮晚年能"衡门无一事，老至且忘忧"，从根本上说还是由其"以礼存心"的德行和"明哲保身"的智慧决定的。马一浮一生淡泊，对金钱、女色、权力没有贪欲，晚年更是自律甚严。他虽然多次受到党和国家领导人如毛泽东、周恩来、陈毅等人的礼遇，但仍安守本分，不屑攀援，不妄自尊大，始终以礼敬人。

1950年5月，已经年近古稀的马一浮积极响应"新社会人人自食其力"的号召，考虑到自己年老体衰不能参加任何重体力劳动，加上智林图书馆经费短缺，他就登出《蠲戏老人以鬻字代劳作润例》，再次用书法服务社会，换取生活资料，并为智林图书馆尽一己之力。他寓居于弟子蒋国榜的别墅，始终以礼存心，不仅尽心尽力地教蒋国榜学习国学，还会随缘馈赠诗书、印章之类的作品给他。1950年10月，他找出自己从前所刻的印章，从中选出五十方，让弥甥丁慰长为蒋国榜作印谱。这既是教弥甥学艺，也是教其知恩图报。新加坡的广洽法师几次给他寄布料并汇钱，他便于1963年9月书写《阿弥陀经》一册和《弥勒九观》一幅回赠。党和政府不仅安排专人照顾他的晚年生活，而且时常安排他们外出旅游，避寒避暑。马一浮并非心安理得地享受这一切，而是始终不忘报答。20世纪50年代末，他将一生收藏的全部图书连同汤寿潜留下来的六万册书全部捐赠给了中国科学院广州分院。①1963年11月去北京参加政协会议时，他将历年书法作品354件（册）赠送给全国政协。陈毅对他的关照最多，与他的交谊也最深。1964年12月去北京参加政协会议时，他还特地将自己旧藏的北宋界画山水一帧赠送给陈毅，以答谢陈毅1963年冬天"念其衰病，厚馈药饵"之谊。马一浮称这幅画"用笔细如豪发，虽未见著录，审非俗工所为"。北宋界画属于文物，价值不菲，陈毅收到这幅画后又转交给了国家有关部门。②

新中国成立后，马一浮的生活总体来说还是安适、幸福的。他对新社会、新政府多有赞美与感恩。他有不少诗词对联都能反映他的这种心情。1959年集古语颂新中国成立十周年的对联为："六合同风，九州共贯；千岩竞秀，万壑争流。"1962年撰写的息影亭楹联为："深松茂柏聊可憩；青山白云相与闲。"1963年为浙江省文史馆成立十周年所作对联为："胜事多留耆旧传；良时常见老人星。"1955年，马一浮赠陈毅诗中有"太平临老见，万象及春回"句。1960年3月在给陈毅的书信中，他写道："何幸耄年，得逢盛治。方今化行之速，力用轶于风霆；鼓舞之神，蕃变逮乎草木。然后知儒、墨之拙，管、晏之卑也。"他认为，同中国共产党的治国理政能力相比，儒家和墨家都显得拙劣，管仲和晏婴都略逊一筹。对现实政治给予这么

① 关于这次捐书事，详见杨际开《马一浮先生事迹撷遗——访民国浙江首任都督汤寿潜之孙汤彦森》一文。

② 《马一浮全集》第六册，第88页。

高的评价，这在马一浮的一生中是绝无仅有的。1964年12月18日在给陈毅的信中，马一浮还说："窃惟我国远猷至计，迈越群伦，威慑万方，义动天下，凡属有知，莫不鼓舞。浮虽身在岩薮，诵悦同深。兹届政协集会，再诣国门，瞻望旌旗，曷胜憧忭。"其对中国共产党的治国方略及其治理成效赞叹有加，欢欣鼓舞之情溢于言表。

## 二、曲学阿世，相戒弗为

"瞻望旌旗，曷胜欢忭"是马一浮晚年生活的一个面相，甚至可以说是比较浅表的面相。作为一位"绝俗""幽独"的理学大师，他对真性纯理的拘执与对世人世事的鄙薄常常对峙于内心深处。这是他性格中的两面性与矛盾性，也是其人生内在的张力与动力。"博喻安诗，在志未逮；曲学阿世，相戒弗为"这副对联，就展现了他这一特性。"在志未逮"的这个"志"，绝不只是他个人的衣食无忧和国家的富庶强盛，而是"志伊尹之所志"，是"一日克己复礼，天下归仁焉"。故而，于社会现实而言，马一浮还是一位"拭目看新历，编蓬忆旧林"的审视者，始终保持着"半信半疑""边走边看"的心态。这种复杂的心态在他晚年所写的诗词、对联和书信中表现得非常隐蔽。其"曲学阿世，相戒弗为"的告诫，看上去只是他的"自绳"与"自警"，实则也隐含着与社会现实保持距离的意思。综合他晚年的各种应酬和言论来看，他与现实政治基本上维持的是一种"言下若相应，即共论胜义；若实不相应，合掌令欢喜"的关系。

新中国在中国共产党领导下所取得的丰功伟绩，固然也令他欢欣鼓舞，但他内心深处始终不忘"以舜之所以事尧事君"。在他看来，"不以舜之所以事尧事君，不敬其君者也；不以尧之所以治民治民，贼其民者也。"（《孟子·离娄篇》）从他赠给毛泽东、周恩来、陈毅等党和国家领导人的诗词联对中，都不难看出他的深心大愿，尽管他总是表达得非常文雅而含蓄。大跃进期间，他公开发表在报刊上的诗词，实际歌颂的与其说是事功本身，不如说是这些事功背后所蕴藏的"人之所以为人"的德性。遗憾的是，能理解他这种大志深情的人太少，大多误解他只是跟风应景、歌功颂德。

研究马一浮晚年的精神生活，最好的材料莫过于他的晚年诗。本节所指的马一浮晚年诗，主要指其在1949年10月1日中华人民共和国成立以后的诗作，包括诗、词和对联。这些诗作主要收录在《马一浮全集》第三册（浙江古籍出版社2013年版）。马一浮的性格中始终存在着心高气傲与胆怯气馁的矛盾：他一方面自视甚高，恃才傲物，惯于用道德理想主义责己责人；另一方面他又顾影自怜，谨小慎微，力求与人为善、与世无争。所以，他一生的著述始终存在着内与外、明与暗两种表现形式、两种心态。表面君子谦谦，实则傲骨铮铮；明里歌功颂德，暗里求全责备。这种矛盾性在马一浮的晚年诗中仍然相当明显，其中讽刺和批评时人时政的诗作写得都非常隐晦，而且多半保留在给亲朋好友的往来诗函中，他生前出版的诗集基本上都没有收录这些作品，浙江古籍出版社和浙江教育出版社于1996年出版的《马一浮集》仍然没有编入这些作品。《马一浮集》出版后，这些佚诗"经过十余年的努力收集，一九四九年以后的已得十分之九以上"①。吴光先生主编的《马一浮全集》于2013年出版时已经将这些佚诗全部收录，为时人以及后世研究马一浮晚年的真实思想和感情提供了十分珍贵的资料。

"诗以言志""诗贵含蓄"。马一浮晚年的真实思想和感情常常深藏于他的诗、词或对联。马一浮的家族史及其特殊的家庭境遇对于他的一生有着深远而复杂的影响，加之他本人的学养博大精深，他的诗向来不容易理解。尤其是他晚年的诗，由于学力深厚，感情深隐，用典频繁而含蓄、精妙而自然，对于远离传统教育范式百余年的当代学人而言，理解起来就更加困难。下文以马一浮1952年花朝时所写的《雨甚》一诗为例。诗云：

> 六合漂摇似陆沈，一春何日不愁霖。非关正月雷声早，每见千岩雪覆深。
>
> 自古调羹无好手，至今填海有冤禽。咨寒怨暑人情误，那识绸缪未雨心。②

要理解这首诗表达的思想感情，首先需要懂得其中所用的

---

① 《马一浮全集》第三册，第721页。

② 《马一浮全集》第三册，第437页。

几个典故，其次要了解其时代背景，特别是当时的政治环境。这首诗原名为《雨中遣闷口占》，诗后原附有"自古调羹无好手"一句的用典说明，这是深入理解这首诗的关键。附注云："刘叉《独饮》绝句：'尽欲调太羹，自古无好手。所以山中人，兀兀但饮酒。'吾颇喜之，今遂摭以入吾诗。"刘叉是唐朝诗人，年少任侠，因酒杀人，亡命逃逸，最终还是被捉拿归案，后遇大赦而出狱，从此潜心读书，擅长歌诗。他为人以"任气"著称，喜欢评论时人；作诗才气纵横，风格峻怪，辞多悲慨不平之声。马一浮颇喜之，大概也有刘叉所长正是其短的缘故。太羹，指的是古代用于祭祀的撇去脂膏、不加五味的清汤。"调太羹"，隐喻掌管一国之文教。刘叉的《独饮》讽刺朝中掌管文教者不懂文教，感伤真懂文教者被排挤出朝局，只能隐居山林，兀兀独自饮闷酒。冤禽，是精卫鸟的别名。精卫填海出自《山海经》，故事悲壮感人。马一浮这首《雨甚》开头两句"六合漂摇似陆沈，一春何日不愁霖"，写的是1952年春天雨水过多、百姓生活艰难的事实。"非关正月雷声早，每见千岩雪覆深"，将自然灾害的成因巧妙地引向天人感应学说。"非关正月雷声早"，否定当时认为春雨太多是因为正月雷声太早的说法；"每见千岩雪覆深"，借自然现象来隐喻社会上的不公现象。20世纪50年代初，国内开展了"三反""五反"运动，产生了一定的影响。马一浮作为亲历者，以诗表达了自己的感慨以及不能尽其所能为民排忧解难的遗憾之情。

孔子云："入其国，其教可知也。其为人也，温柔敦厚，诗教也；疏通知远，书教也；广博易良，乐教也；洁静精微，易教也；恭俭庄敬，礼教也；属辞比事，春秋教也。"①马一浮晚年观人论世基本上以此为准绳。新中国成立初期，国家尚未完全统一，内政外交事务繁重而艰巨，人民刚刚当家作主，治国理政经验不足，不免有不尽如人意的地方，这让拘执纯理的马一浮颇感"幽忧"情有可原。带着这种"幽忧"的心态看新中国，他最初几乎看到的都是负面的东西，所以他这个时期的诗相当一部分带着讥讽、怨怼的情绪。如他1950年所写的《独谣》一诗，就很有代表性。诗云：

> 吾衰已久如，闻道苦不早。调神顺幽独，聊可安枯槁。
> 虽嗟生民瘼，犹爱风日好。俯仰山泽间，佚我亦以老。
> 相彼在缠众，随人志颠倒。出门望西国，膏血涂野草。
> 孰使务攻兼，徇名贱肝脑。成毁在一朝，土苴宁足宝。
> 浩然休天钧，直心去工巧。批雾时往来，晴空见飞鸟。②

"调神顺幽独"，不仅是马一浮晚年的基本心态，甚至可以说是他一生的基本心态。他之所以很难积极忘我地投入社会可能就是因为他总是随顺自己这种"幽独"的心气，而没有把它当作顽固的积习加以扬弃。王阳明说的"破山中贼易，破心中

---

① 孙希旦：《礼记集解》，中华书局1989年版，第1254页。
② 《马一浮全集》第三册，第692页。

贼难"，在马一浮身上同样可以得到印证。"当局者迷，旁观者清"。马一浮站在旁观者的立场，一面"俯仰山泽间"，安逸地享受着"晴空见飞鸟"的风日之好，另一方面又嗟叹百姓疾苦，喟叹自己"聊可安枯槁"的晚年凄凉。"佚我亦以老"一句写得很妙："佚我"不是"我佚"，是已经老去而不得不"靠边站"的被遗弃感。幸亏他已经"闻道"，善于"调神顺幽独"了，所以还能"聊可安枯槁"。"闻道苦不早"一句，表面似谦虚，实则是骄傲。"相彼在缠众，随人志颠倒。出门望西国，膏血涂野草。孰使务攻兼，徇名贱肝脑。成毁在一朝，土苴宁足宝"写出"颠倒"愚昧的"众生相"，反衬出他"浩然休天钧，直心去工巧。批雾时往来，晴空见飞鸟"的"闻道"之妙。这种"调神顺幽独，聊可安枯槁"的自卑与自信的变奏和交响是马一浮晚年诗作的基调。俗话说："干得越多，错得越多。"对于马一浮这样一位"平生保啬精神"的旁观者来说，可能永远觉得自己比"务攻兼""贱肝脑"的当局者清，如果他没忘自己办复性书院时几次气得想要撂挑子的经历，可能就不至于这样自鸣得意了。

马一浮于1950年所作《书事寄苏盦》一诗云："焚琴煮鹤事无奇，虎兕虫沙并一时。纵使游尘侵菌阁，冷风依旧满春枝。"[1]其中"书事"所说的"事"大概就是浙江省军区第七兵团卫生部占用蒋庄房屋一事。兵团卫生部的行为固然有不当之

①《马一浮全集》第三册，第690页。

处,但也符合当时积极开展各项改造的大趋势,换位思考一下也未尝不可理解,可是把他们比作"虎兕虫沙"和"游尘"就未免太过轻蔑、不够厚道了。类似这样冷眼旁观、冷嘲热讽的诗作还有不少,如同年所写《岁暮书感二首之一》和《观化》,1951年所作《咏古》《读法》和《倒见》,1953年所作《暑中得丹崖书存问以此代简奉答兼呈崿庵仍用鱼字韵》与《和苏盦消夏杂兴》,1954年所作《雨讼》《雨叹》和《志潦》。令人费解的是,马一浮看不起当局的文化涵养,嘲笑他们"下笔鸟焉字易讹,唯阿相去不争多",可当政府下令开展识字扫盲运动时,他又作诗嘲讽说:"新令皇皇欲扫盲,群盲方喜眼初明。岂知文字翻成障,闭目相牵入火坑。"①总之,中华人民共和国建立初期,马一浮对这个新政权的基本态度是冷眼旁观的甚至是消极的。当然,他这些抵触情绪都是在极其亲密的亲戚朋友之间私下流露的,公开的诗作上他还不敢这么大胆。

1950年6月6日,毛泽东在中共七届三中全会上做了《不要四面出击》的讲话:对知识分子"要使用他们,同时对他们进行教育和改造。要让他们学社会发展史、历史唯物论等几门课程"②。1951年9月,中共中央和中央人民政府决定在知识分子中进行一次思想改造运动。1952年1月4日,《人民日报》发表题为《在反贪污、反浪费、反官僚主义的伟大斗争中,发动

---

① 《马一浮全集》第三册,第707页。
② 《毛泽东文集》第六卷,人民出版社1999年版,第74页。

群众的关键何在？》的社论，全国各界社会人士的思想改造运动迅速开展起来。①面对这场思想改造运动，马一浮写信给熊十力说自己是"确乎其不可拔"的。②但从《蠲戏斋诗辑佚》和《蠲戏斋佚诗续辑》来看，他对中国共产党和人民政府的态度还是随着形势变化而有所改变的，尤其是其1958年的改变，简直就是突变。《蠲戏斋诗辑佚》所辑佚诗，为1957年所作的只有一首《咏史》。其云："货殖余风唯垄断，纵横末路尽倾危。世间空衔轮王宝，神器谁知不可为。"可见其对政府的政策是不看好的。然此书所收其1958年诗作有《杂兴八首之二》《苦雨》《遣暑戏作五首之二》《国庆节赞》《总路线赞》《赞人民公社化》六首，加上《蠲戏斋佚诗续辑》中的《闻火箭已入太阳系比于列星喜赋》《大跃进新形势观》《秋怀》三首，一共就有九首佚诗。这九首佚诗中，前三首对时政的态度仍然是不看好的；中间五首却一反常态，大加歌颂；最后一首《秋怀》又回到了从前不看好的状态。③

这九首佚诗可以分为怨怼诗和歌颂诗两类：怨怼诗四首，歌颂诗五首。两相对照，马一浮诗作蕴含态度在一年之内可谓

①参见中共中央文献研究室编：《建国以来重要文献选编》第3册，中央文献出版社2011年版，第11页。

②参见《玄圃论学集——熊十力生平与学术》，生活·读书·新知三联书店1990年版，第66页。

③由于这九首诗创作的具体月份及日期不详，这里所谓"前三""中间""最后"乃是就其在《马一浮全集》第三册中出现的顺序来说的。

前后判若两人。读他的《国庆节赞》，笔者会情不自禁地联想起《解放区的天是明朗的天》那首歌的欢快与明朗。《总路线赞》《赞人民公社化》《闻火箭已入太阳系比于列星喜赋》《大跃进新形势观》四首，皆同此格调。这样用字浅白、感情外露、格调明快的作品，在马一浮一生的诗作中都是罕见的。事实上这样的诗作，在他的写作生涯中也是"昙花一现"。这种变化的原因大概有二：一是受形势影响，二是其想突破自我。但他最终还是回到了"调神顺幽独，聊可安枯槁"的人生本色。在给好友谢无量的信中，他自嘲说："不古不今，非唐非宋，适成其为解放诗耳。"①"解放诗"应该是他与谢无量互喻的一个带讽刺意味的戏谑词。或许是因为后来"大跃进"的惨重教训让他后悔当时吹捧太过，他对这类"解放诗"很不满意，拒绝将都已公开发表的诗作收入《蠲戏斋诗编年集》。

除了写诗，马一浮晚年还以自己擅长的国学智慧和诗书篆刻等才艺随缘施惠身边人以及与之有交往的人。实际上，他随缘馈赠给他人的诗、书、对联、篆刻之类，都蕴涵着大智慧，对于懂他的人来说可谓至宝。不过，在"对面隔千山"的人眼里，可能这些馈赠之物只是一些附庸风雅的雕虫小技。笔者以晚年马一浮写给毛泽东、周恩来和陈毅等党和国家领导人的诗、联、书信、印章等作品为例，来谈谈其看似雕虫小技之作的微言大义。

---

① 《马一浮全集》第六册，第82页。

1957 年，马一浮去北京开会，会后毛泽东设宴招待他和另外几位政协委员，并让他与自己坐在一起。他后来特意书写了一副集句对联赠给毛泽东，以示答谢。对联是："使有菽粟如水火；能以天下为一家。"①上联取自《孟子·尽心篇》。孟子曰："易其田畴，薄其税敛，民可使富也。食之以时，用之以礼，财不可胜用也。民非水火不生活，昏暮叩人之门户，求水火，无弗与者，至足矣。圣人治天下，使有菽粟如水火。菽粟如水火，而民焉有不仁者乎？"大意是说，根据实际情况，适时调整土地分配，减少民众税负，就可以让人民富裕。教导人民按时节合理消费粮食，按礼义合理使用财富，财富就会用之不尽。人民没有水和火就不能生活，黄昏时去敲人家的门讨些水，借点柴火，没有不给的，因为家家户户的水和柴火都非常充足。圣人治理天下，会让家家户户的豆子、谷物像水和柴火一样充足。这样一来，人民怎么会不仁爱呢？下联取自《礼记·礼运》篇："故圣人耐（能）以天下为一家，以中国为一人者，非意之也，必知其情，辟于其意，明于其利，达于其患，然后能为之。"大意是说，圣人所以能够把天下治理得像一家，把中国治理得像一人，并不是靠臆想，而是靠了解实情，通晓民意，明白人民需要什么、担心什么。马一浮取这两句集成对联，无疑是奇思妙对，寓意博大精深，赠送给毛泽东，可谓契理契机。这既是作为在野老叟对毛泽东个人的期望，也是作为政协委员代表民

①《马一浮全集》第三册，第793页。

主人士对领导人的劝勉，甚至不无委婉的指教之意。散木说："马一浮的意思是把毛主席比作'圣人'。"①这不免小看和浅看了马一浮。

还是在1964年，有一次毛泽东接见并宴请全国政协委员中花甲以上的老人，马一浮也应邀赴宴，毛泽东亲自到门口迎接。宴会时，毛泽东让马一浮坐在自己和周恩来之间，同桌的还有陈毅、粟裕、陈叔通等。为了表示对马一浮、陈叔通等硕学大儒的尊重，宴席开始之前，毛泽东没让服务员来摆放碗筷，而是吩咐年纪较轻的粟裕来摆放餐具。这些周到的礼数，让看重礼教的马一浮深为感动，回到杭州后，又书写了两副对联，分赠毛泽东和周恩来。给毛泽东的是："旋乾转坤，与民更始；开物成务，示我周行。"落款是："集《易》《诗》《汉书》《宋史》句，赠毛泽东。"给周恩来的是："选贤与能，讲信修睦；体国经野，辅世长民。"落款是："集《周礼》《孟子》《礼记》句。周总理鉴正，马蠲叟赠言。"这两句对联的学养之深、才华之好，熟读四书五经的人不难一目了然，但真能识其用心者恐怕不多。大多数人会视其为文人雅士之间的礼貌应酬，甚至视其为对领导人的歌功颂德。如此理解者，都不是真懂马一浮的人。在笔者看来，马一浮分赠毛泽东、周恩来的这两副对联都非常契合各自的身份，而且合乎道义。对联之所以都集句于经、史，是示尊经重史之意；之所以要尊经重史，是看重经、史对于政

---

①散木：《儒学大师马一浮与共和国领导人的交往》，载《党史博览》2014年第9期。

治的规范和借鉴意义。更为重要的是，在马一浮看来，六经是王道德教，是天地人伦的恒常之道，是为政治国的根本遵循，乖违此道，莫不求治反乱。这些对联，是用尧舜的标准敦勉领导人，表达了极高的期望。

孟子说："规矩，方员之至也；圣人，人伦之至也。欲为君尽君道，欲为臣尽臣道，二者皆法尧舜而已矣。不以舜之所以事尧事君，不敬其君者也；不以尧之所以治民治民，贼其民者也。"（《孟子·离娄篇》）圆规和矩尺是画圆和画方的标准，圣人是做人的标准。想要做国君，就要尽国君之道；想要做大臣，就要尽为臣之道。无论为君还是为臣，只要效法尧和舜就行了。不用舜事尧的态度和方法来事国君，便是对国君的不恭敬；不用尧治理人民的态度和方法来治理人民，便是对人民的残害。笔者之所以不厌其烦地引经据典来阐述这类看似文人雅士间的应酬之作，是想表达一个意思，那就是看马一浮这样一位"千年国粹，一代儒宗"的只言片语要以了解其博大精深的学养和"志伊尹之所志，学颜子之所学"的治学志趣为基础。否则，以浅知俗见来解读，莫不自误、误人。孟子与齐国大夫景丑氏关于如何才是真正"敬王"的辩论，亦是正确理解马一浮写给毛泽东和周恩来等党和国家领导人的诗、联、书信、印章等作品之微言大义的重要参考。

## 三、沤灭归海，花开满枝

1966年5月，"文化大革命"发动。8月的一个夜晚，有位园林工人来报告马一浮，说次日红卫兵要来蒋庄扫"四旧"。为免受凌辱，马一浮于次日清晨离开蒋庄，躲进大华饭店。8月30日，浙江省政府交际处安排他到杭州市安吉路隐居。他存放在蒋庄的手稿和收藏的书画，随后也被焚烧。闻讯赶来的浙江省图书馆工作人员以"留作批判"为由，抢救了一部分，至今仍藏于该馆。马一浮在安吉路一直隐居至去世。他的自挽联"大患有身，血气心知皆病本；真如不变，涅槃生死等空花"和《拟告别诸亲友》诗都是在安吉路寓所写就的。

马一浮隐居安吉路寓所之后，楼达人还时常去那里看望他。1967年初夏的某一天，马一浮跟楼达人闲谈，问起了外面的情况，楼达人无意透露了潘天寿在浙江美术学院（今中国美术学院）的遭遇。他听后一脸严肃，连叹两声"斯文扫地！"从此，马一浮缄默不语，积郁成疾，4月初因胃出血而住进浙江医院，6月2日与世长辞，享年85岁。3月25日，最后一次住院之前，马一浮写下被称作"绝笔诗"的《拟告别诸亲友》。诗云：

> 乘化吾安适？虚空任所之。形神随聚散，视听总希夷。
> 沤灭全归海，花开正满枝。临崖挥手罢，落日下崦嵫。[1]

哲人之生也，"如湛巨海，流一浮沤"；哲人之死也，"沤

---

[1]《马一浮全集》第三册，第617页。"花开正满枝"句后有作者自注："是日花朝。"杭州风俗，阴历二月十五日为花朝节，也叫花神节，俗称百花生日。

灭全归海，花开正满枝"。现存马一浮著述，始于十岁所作《咏菊》诗，终于花朝所作"绝笔诗"。从秋花起兴，见春花绝笔，以诗抒怀，以诗会友，兴、观、群、怨，莫不用诗。观其一生，恰如他这一年所作另一首《自赠》诗所云："郁郁诗人志，悠悠道路心。"

第二章

『天下之事，莫非六艺』：马一浮论六艺一心马一浮的六艺一心论，是他一生学养的结晶，是他"为往圣继绝学，为万世开太平"的理论创造，也是他被称为"千年国粹，一代儒宗"的重要原因。他认为，圣人化成天下以六艺为教，六艺该摄一切学术，而六艺又统摄于一心。这是马一浮六艺一心论的核心内容。此论虽未成专著，但在《泰和宜山会语》和《复性书院讲录》中框架已建，宗旨已备。其理论体系，实际上由两大子系统构成：一是六艺大义论，解决的是六艺何以"大"的问题；二是六艺统摄论，解决的是六艺同古今中外一切学术的关系问题。六艺大义论是六艺统摄论的理论前提，六艺统摄论是六艺大义论的实践应用。

## 一、六艺之名及其由来

"艺"的甲骨文字形：左上是"木"，表植物；右边是人用双手操作。"艺"又写成"埶"（音 yì），从"坴"（音 lù，表土块），从"丮"（音 jǐ，表手拿），后繁化为"藝"。"艺"字本义是种植，与英文"culture"一词相当，引申为培养。马一浮说："经者，常也，以道言谓之经。艺犹树艺，以教言谓之艺。"[①]先秦典籍称礼、乐、射、御、书、数六种才能为六艺，汉儒称《诗》《书》《礼》《乐》《易》《春秋》六经为六艺。六经流传下来的只有《周易》《诗经》《春秋》是完整的；今文《尚书》不完备，古文《尚书》乃借古人之名所作；《仪礼》仅存士礼；《周礼》亦缺冬官篇；《乐经》本无其书；《礼记》则仅有传存。马一浮认为，六经虽已不全，但六经之道完整无损；以六经之

---

道教人，则为六艺之教，故经虽存五，教则可六。

由于"六经"之名容易让时人将其仅理解为六本先秦古书而忽略其根于人心、亘古不变的价值，所以马一浮喜欢以"六艺"称呼"六经"。以六艺为六经，不是马一浮的发明，其实本于司马迁。《史记·孔子世家》云："孔子以诗书礼乐教，弟子盖三千焉，身通六艺者七十有二人。"[1]此"六艺"，古代注家通常释为礼、乐、射、御、书、数，马一浮却认为这种解释是错误的。他说："寻上文叙次孔子删《诗》《书》、定《礼》《乐》、赞《易》、修《春秋》，自必蒙上言，六艺即是六经无疑。"[2]他认为，《孔子世家》所谓"六艺"与《周礼》"乡三物"所言"六艺"不同，前者旨在明礼乐之"理"，后者旨在习礼乐之"事"。前者为经术，后者为技艺，不能混为一谈。

## 二、六艺之道，广大悉备

马一浮认为六艺是孔子之教。《论语》有"子所雅言，《诗》《书》执礼"和"兴于《诗》，立于《礼》，成于《乐》"之言。《王制》有"乐正崇四术，立四教，顺先王《诗》《书》《礼》《乐》以造士。春秋教以《礼》《乐》，冬夏教以《诗》《书》"之言。马一浮据此推断，四教原是周朝的旧制，孔子只是加以删订。《周易》藏于太卜，《春秋》本于鲁史，孔子晚年

[1]司马迁：《史记》第6册，中华书局1959年版，第1938页。
[2]《马一浮集》第一册，第11页。

始加赞述，于是合为六经，亦谓之六艺。在马一浮看来，六艺体现的是孔子六个方面的教育精神，而不是过时的六本"死"书。六艺之教，根于人心本具之义理，因而广大悉备，历久弥新。

《礼记·经解》引孔子语言：

> 入其国，其教可知也。其为人也，温柔敦厚，《诗》教也；疏通知远，《书》教也；广博易良，《乐》教也；洁静精微，《易》教也；恭俭庄敬，《礼》教也；属辞比事，《春秋》教也。

《庄子·天下篇》云：

> 《诗》以道志，《书》以道事，《礼》以道行，《乐》以道和，《易》以道阴阳，《春秋》以道名分。

马一浮对这两段话的评价甚高："自来说六艺，大旨莫简于此。有六艺之教，斯有六艺之人。故孔子之言是以人说，庄子之言是以道说。"[1]孔子云："人能弘道，非道弘人。"马一浮认为这里所说的"道"即是六艺之道，所说的"人"即是六艺之人。

---

[1]《马一浮集》第一册，第11页。

在马一浮看来，六艺乃先秦学者所共学，不独儒家为然。其中，有得六艺之全者，有得其一二者，有得多失少者，有得多失多者，有得少失多者，有得少失少者，参差不齐，不一而足，所谓"学焉得其性之所近"而已。六艺之失，即《礼记·经解》所谓"《诗》之失愚，《书》之失诬，《乐》之失奢，《易》之失贼，《礼》之失烦，《春秋》之失乱"。六艺之得，即《礼记·经解》所谓"温柔敦厚而不愚""疏通知远而不诬""广博易良而不奢""洁静精微而不贼""恭俭庄敬而不烦""属辞比事而不乱"。马一浮特别指出，六艺之失，乃学者之自失，而非六艺本体之失。"其有流失者，习也。心习才有所偏重，便一向往习熟一边去，而于所不习者便有所遗，高者为贤、知之过，下者为愚、不肖之不及，遂成流失。"①故而，他对六艺之失分别做了理学的阐释："不觉即是愚，不如实即是诬，贵安排即是烦，骋言说即是奢，执人我即是贼，惑名言即是乱。"②

若想明了六艺大义，必要研读马一浮的《复性书院讲录》。其第二卷总论群经大义及论语大义，第三卷至第六卷分别阐述孝经大义、诗教大义、礼教大义、书教大义和易教大义等儒家六经。春秋大义虽无专章，但第二卷论语大义亦有上中下三节系统地讲述了"春秋教"。在马一浮看来，六艺之道，是天道、地道、人道三而一、一而三者。天之道，曰阴与阳；地之道，

---

① 《马一浮集》第一册，第12页。
② 《马一浮集》第三册，第940页。

曰柔与刚；人之道，曰仁与义。人生于天地之中，法天象地，兼天地之道于一身。圣人发明此三位一体之道，演为言教即是六艺。《乡饮酒义》曰："天子之立也：左圣，乡仁；右义，背智……东方者春，春之为言蠢也，产万物者，圣也。南方者夏，夏之为言假也，养之长之假之，仁也。西方者秋，秋之为言揫也，揫之以时察，守义者也。北方者冬，冬之为言中①也，中者，藏也。"马一浮阐释说：

> 故四教配四德，四德配四方，四方配四时，莫非《易》也，莫非《春秋》也。以六德言之即为六艺，《易》配中，《春秋》配和，四德皆统于中和，故四教亦统于《易》《春秋》。《易》以天道下济人事，《春秋》以人事反之天道，天人一也。道外无事，事外无道，一贯之旨也。又四时为天道，四方为地道，四德为人道，人生于天地之中，法天象地，兼天地之道者也。故曰："大人者，与天地合其德，与日月合其明，与四时合其序，与鬼神合其吉凶。""天大地大人亦大。"此之谓大义也。②

以上所引乃六艺大义之总说。为了更清楚地显发马一浮所阐明的六艺要旨，有必要做进一步分说。

---

①马一浮认为，这里的"中"是音近之误，字当作"终"。

②《马一浮集》第一册，第160页。

诗教大义。何谓诗？马一浮云："《诗》是声教之大用（'此方真教体，清净在音闻'。一切言语音声总为声教），以语言三昧显同体大悲。"①论《诗》至此，可谓诗学之极谈。马一浮认为，六艺之教，莫先于《诗》。于此感发兴起，乃可识仁，故曰："诗可以兴。"《诗》以感为体，令人感发兴起，必假言说，"不学《诗》，无以言"，故一切言语之足以感人者皆诗也。此心之所以能感者便是仁，故诗教主仁。《毛诗序》曰："正得失，动天地，感鬼神，莫近于《诗》。"②《周易·咸·彖》云："天地感而万物化生，圣人感人心而天下和平，观其所感而天地万物之情可见矣。"马一浮说："于此会得，乃可以言《诗》教。"③

书教大义。由于本书第三章会专门论述马一浮的书教大义，这里就点到为止，略作说明。书教大义，一言蔽之曰："为政以德。"马一浮说："六经总为德教，而《尚书》道政事皆原本于德。尧、舜、禹、汤、文、武所以同人心而出治道者，修德尽性而已矣。离德教则政事无所施。"④在马一浮看来，德是政之本，政是德之迹。孔子"祖述尧舜，宪章文武"，梦周公，告颜渊以四代之礼乐，答子张以殷、周损益"百世可知"，皆明从本

---

① 《马一浮集》第一册，第586页。引文中的小注为原著所加。"此方真教体，清净在音闻"，出自《楞严经》卷六。

② 《马一浮集》第一册，第269页。

③ 《马一浮集》第一册，第269页。

④ 《马一浮集》第一册，第328页。

垂迹、由迹显本之大端。政是其迹，心是其本，二帝三王①，应迹不同，其心是一。有以得其用心，则施于有政，迹虽不同，不害其本一也。后世言政事者，每规规于制度文为之末，舍本而言迹，非孔子《书》教之大义。②

礼教大义。礼主别异，乐主和同；礼是大序，乐是大和；合序与和，即是至美。这就是礼教大义。马一浮认为，六艺之教莫先于《诗》，莫急于《礼》。诗者，志也；礼者，履也。在心为志，发言为诗；在心为德，行之为礼。故敦诗说礼，即是蹈德履仁。君子以仁存心，以义制事。诗主于仁，感而后兴；礼主于义，以敬为本。所行必与所志相应，亦即是所行必与所言相应也。"言而履之，礼也"，行其所言，然后其言信而非妄。"行而乐之，乐也"，乐其所志，然后其行和而中节，故《孔子闲居》云："《诗》之所至，《礼》亦至焉。""《礼》之所至，《乐》亦至焉。"③马一浮说："说《诗》必达于礼乐之原，说《礼》则约归于言行之要。"④礼乐之原在于忠恕，忠恕必本于孝悌，孝悌必本于爱敬。《孝经》所谓"爱亲者，不敢恶于人；敬亲者，不敢慢于人。爱敬尽于事亲，而德教加于百姓，刑于四海"，举此爱敬之心以推之而已。因此，马一浮说：

---

① 二帝，指唐尧与虞舜；三王，指夏商周三代之君，即禹、汤、周文王（或周武王）。

② 参见《马一浮集》第一册，第163—164页。

③ 《马一浮集》第一册，第300页。

④ 《马一浮集》第一册，第301页。

"《孝经》一篇，实六艺之总归。"①有子曰："君子务本，本立而道生。孝弟也者，其为仁之本欤？"孟子曰："仁之实，事亲是也；义之实，从兄是也；知之实，知斯二者弗去是也；礼之实，节文斯二者是也；乐之实，乐斯二者，乐则生矣，生则恶可已也。"马一浮说："有子、孟子之言，皆至精本实，皆直指本心之体。一切大用，皆从此流出，故曰生。但有子单约行仁言，孟子则兼举四德而终之以乐，其义尤为该备。"②马一浮论礼乐大义，继承程子之说而推本于孝悌。伊川作《明道行状》，言明道"知尽性至命必本于孝弟，穷神知化由通于礼乐"。马一浮对这两句推崇备至，认为"此乃真为道要"，"自来料简儒家与二氏之异者，精确无过此语"③。

易教大义。在马一浮看来，"天下之道统于六艺而已，六艺之教终于《易》而已。学《易》之要观象而已，观象之要求之十翼而已。孔子晚而系《易》，十翼之文幸未失坠，其辞甚约而其旨甚明。"④所谓"《易》之为教，在随时变易以从道，故'惧以始终，其要无咎'，'因贰以济民行，以明失得之报'"⑤。这就是马一浮所说的易教之大义。此中俱摄变易、不易、简易之三义："时"是变易，"道"是不易，"随时变易以

---

① 《马一浮集》第一册，第169页。

② 《马一浮集》第一册，第169—170页。

③ 《马一浮集》第一册，第170页。前之伊川语亦引自此页。

④ 《马一浮集》第一册，第421页。

⑤ 《马一浮集》第一册，第434页。

从道"是简易。"惧以终始，其要无咎"出自《周易·系辞》，意即自始至终保持警惕和敬畏，不敢掉以轻心，其中关键是要做到良心无亏欠。"因贰以济民行，以明失得之报"，亦出自《周易·系辞》，其中"贰"指的是吉、凶，"失得"指的是理的失、得。动而得其理，谓之"得"，得则阴阳刚柔皆吉；动而失其理，谓之"失"，失则阴阳刚柔皆凶。吉凶就是得失的报应，故曰："吉凶者，言乎其失得也。"《周易》六十四卦、三百八十四爻，一爻即是一念之动，一动就有理之得失，就有吉凶的报应。因此，起心动念、言行举止唯有合乎天理良心才是趋吉避凶之道。

春秋教大义。马一浮认为，托变易之事，显不易之理，成简易之用，此即《春秋》之大义。简言之，《论语》"必也正名"一语即是。公羊家说《春秋》是"借事明义"，董仲舒说《春秋》是"因行事加王心"，胡安定说《春秋》是"史外传心之要典"，都是深明《春秋》大义之言。在马一浮看来，董仲舒所谓"王心"，其实就是义，就是理。[1]马一浮说："《春秋》之大用在于夷夏、进退、文质、损益、刑德、贵贱、经权、予夺，而其要则正名而已矣。"[2]正名，即孔子所谓"君君，臣臣，父父，子子"，字面意思是君要合乎君之理，臣要合乎臣之理，父要合乎父之理，子要合乎子之理。庄子所谓"《春秋》以道名

---

① 参见《马一浮集》第一册，第191—195页。
② 《马一浮集》第一册，第196页。

分"，《礼记》所谓"属辞比事"，董仲舒所谓"谨于名伦等物"①，孟子所谓"明于庶物，察于人伦"，司马迁所谓"拨乱反正"，说的都是一回事。马一浮亦言："人事浃，王道备，在得正而已矣。"②《周易·大壮》云："大者，正也。正大，而天地之情可见矣。"《春秋》之所大者，大一统、大居正而已。身得其正则身修，家得其正则家齐，国得其正则国治，天下得其正则天下平。然"人心惟危，道心惟微"，故"正"字殊不易当。乾卦文言云："知进退存亡而不失其正者，其惟圣人乎？"如何得其正？唯在正心。故马一浮说："心正则天地万物莫不各得其正。伦物者，此心之伦物也。""名伦等物为正名之事。正名也者，正其心也，心正则致太平矣。"③

马一浮的六艺统摄论包括五个方面的内容：一是"统摄"的理学阐释；二是六艺统摄一切学术；三是六艺统摄一切言行；四是六艺交互统摄；五是六艺统摄于一心。马一浮认为，天下万事万物，人类一切言行，都不能外于六艺；而六艺之道又不能外于一心。黄梨洲尝言："盈天地间皆心也。"马一浮则说："盈天地间皆六艺也。"

### 一、"统摄"的理学阐释

马一浮的"统摄"概念是其六艺统摄论的基石。不理解他的"统摄"概念，便很难理解他的六艺统摄论。马一浮的"统摄"概念实际上是借鉴荀子的"统类"概念而提出的。荀子说："言虽千举万变，其统类一也。"[①]何谓"统类"？马一浮解释说："统是指一理之所该摄而言，类是就事物之种类而言。知天

---

①王先谦：《荀子集解》，上海书店出版社1986年版，第297页。

下事物种类虽多，皆此一理所该摄，然后可以相通而不致相碍。"① "统是总相，类是别相。总不离别，别不离总，举总以该别，由别以见总，知总别之不异者，乃可与言条理矣。内外本末，小大精粗，统之有宗，会之有元，备而不遗，通而不睽，交参互入，并摄兼收，错列则行布分明，汇合则圆融无碍，此条理之事也。"②他还援引《说文》来解释"统类"：

> 统，《说文》云"纪也"。纪，"别丝也"，俗言丝头。理丝者必引其端为纪。总合众丝之端，则为统，故引申为本始之称，又为该摄之义。类有两义：一相似义，如"万物睽而其事类也"是；一分别义，如"君子以类族辨物"是。③

马一浮的"统摄"概念是建立在"理事"范畴之上的。在他看来，事物相似、相异的差别相无量无边，而求其本原，无非一理之流变。只要证得此理，即可如提网纲，如挈衣领，获得"万物皆备于我"的统一性。所以他说：

> 《易》传佚文曰："得其一，万事毕。"一者何？即是理也。物虽万殊，事虽万变，其理则一。明乎此，则事物之陈于前者，至赜而不可恶，至动而不可乱，于吾心无

---

① 《马一浮集》第一册，第25—26页。

② 《马一浮集》第一册，第150页。

③ 《马一浮集》第一册，第25—26页。

惑也。①

马一浮认为，举六艺以明统类是"始条理之事"。"始条理之事"，出自《孟子·万章》。孟子曰："始条理者，智之事也；终条理者，圣之事也。"朱子注曰："始，始之也。终，终之也。条理，犹言脉络。""智者，知之所及；圣者，德之所就也。"②知以理言，行以事言。理事不二，知行合一，圣智同符，始终一贯，在得其条理而已。"条理脉络如一把草，从中缚之，上截为始条理，下截为终条理。若上截少一茎，则下截亦少一茎；上截不少，则下截亦不少，此之谓始终条理。"③马一浮继承孟子此说，认为六艺是圣人之道，即是圣人之知，行其所知之谓道，故欲学而至于圣人之道，须先明圣人之知。他说："圣人之知，统类是一，这便是始条理；圣人之道，本末一贯，这便是终条理。"④沩山对仰山说："只贵子眼正，不贵子行履。"知见差之毫厘，行履往往失之千里。马一浮之所以要举六艺明统类，即有鉴于此。

所谓"统摄"，即性理上的统摄，而不是事相上的统摄。事相上，物物不同，差别万殊，当然不可能以一物统摄其余诸物，但

①《马一浮集》第一册，第25页。

②朱熹：《四书章句集注》，中华书局1983年版，第315页。

③黄士毅编，徐时仪、杨艳汇校：《朱子语类汇校》第四册，上海古籍出版社2016年版，第1367页。

④《马一浮集》第一册，第26页。

在性理上却完全可能。六艺统摄一切学术，乃是就六艺所含性理而言，认为六艺所诠释的是一切人所同具之性德。"人同此心，心同此理"，圣人既得人心之所同然，当然可以用其言教统摄一切学术。

"统摄"观念其实是一个不难理解的观念，其普遍性的证明有很多，如芥子纳须弥的佛学证明、整体主义的哲学证明、宇宙全息的科学证明、普通人的日常经验证明。比方一个刚刚会说话、会听故事的小朋友，往往会用"好人"或"坏人"来统摄他所遇见的所有人，包括故事和影视中的人物。这可以说是统摄观念最朴素、最简单的形式。每个人都会有其统摄经验的方式，否则他的生活就会杂乱无章，而不能成为一个整体。统摄无处不在，但有自觉与不自觉之分、严整与松散之别。"统摄"思想，在儒、释、道三教中都有。《系辞》云："天下同归而殊途，一致而百虑。"孔子云："吾道一以贯之。"《孟子》云："万物皆备于我。"《庄子》云："恢诡谲怪，道通为一。"永嘉《证道歌》云："一性圆通一切性，一法遍含一切法。一月普现一切水，一切水月一月摄。"诸说所谓"道"，虽权实不同，深浅有异，然其要皆谋求会通。中国学术思想史上的这种"统之有宗，会之有元"的尝试屡见不鲜，如"孔孟统会之于天，老庄统会之于道，而王（弼）郭（象）则统会之于理"①等等，不一而足。诸教末流之争，皆因其局而不通，与其所从出

———————————

① 钱穆：《庄老通辨》，生活·读书·新知三联书店2002年版，第344页。

者了无干涉。近代以来的传统与现代、中学与西学之争，亦复如是。故六祖慧能云："迷则每相净，悟则恒相资。"

## 二、六艺统摄一切学术

马一浮称六艺统摄一切学术，包括两个方面：一是六艺统摄中土一切学术；二是六艺统摄西来一切学术。

### （一）六艺统摄中土一切学术

为什么说六艺统摄中土一切学术？马一浮从六艺统诸子、六艺统二氏、六艺统四部等三方面加以论述。

六艺统诸子。"诸子"之名依《汉书·艺文志》而立。《汉书·艺文志》云："诸子十家，其可观者九家。"马一浮则认为，九家之中，举其要者，不过儒、墨、名、法、道五家而已。故马一浮说：

> 不通六艺，不名为儒，此不待言。墨家统于《礼》，名、法亦统于《礼》，道家统于《易》。判其得失，分为四句：一，得多失多；二，得多失少；三，得少失多；四，得少失少。例如道家体大，观变最深，故老子得于《易》为多，而流为阴谋，其失亦多，"《易》之失贼"也（贼训害）。庄子《齐物》，好为无端厓之辞，以天下不可与庄语。得于《乐》之意为多，而不免流荡，亦是得多失多，"《乐》之失奢"也（奢是侈大之意）。墨子虽非乐，而

《兼爱》《尚同》实出于《乐》，《节用》《尊天》《明鬼》出于《礼》，而《短丧》又与《礼》悖。墨经难读，又兼名家亦出于《礼》。如墨子之于《礼》《乐》，是得少失多也。法家往往兼道家言，如《管子》，《汉志》本在道家，韩非亦有《解老》《喻老》，自托于道。其于《礼》与《易》，亦是得少失多。余如惠施、公孙龙子之流，虽极其辩，无益于道，可谓得少失少。其得多失少者，独有荀卿。荀本儒家，身通六艺，而言"性恶"、"法后王"是其失也。若诬与乱之失，纵横家兼而有之，然其谈王伯皆游辞，实无所得，故不足判。杂家亦是得少失少。农家与阴阳家虽出于《礼》与《易》，末流益卑陋，无足判。观于五家之得失，可知其学皆统于六艺，而诸子学之名可不立也。①

六艺统二氏。二氏指道教和佛教。《宜山会语》讲"六艺该摄一切学术"时，马一浮并未论及六艺与道教、佛教的关系，但后来在复性书院讲《观象卮言》时略有提及。他说："二氏之学实能于费中见隐，故当为《易》教所摄。"②故而在他看来，道教和佛教"皆《诗》、《易》之支与流裔"③。

六艺统四部。经、史、子、集四部之名始定于《隋书·经籍志》。马一浮认为，四部之分类似于荀勖《中经新簿》分甲、

①《马一浮集》第一册，第14—15页。

②《马一浮集》第一册，第452页。

③《马一浮集》第二册，第494页。

乙、丙、丁，乃是一种目录分类法，犹今图书馆之图书分类法。在马一浮看来，能明学术流别者，唯《庄子·天下篇》《汉书·艺文志》之类法甚妥。四部之名虽至今沿用，其实不妥，故不如依旧用六艺统摄四部群籍。

一曰六艺统经部。马一浮批评今经部立十三经、四书而以小学附之，"于义未允"。①其统摄方法是，借用佛学宗经、释经的区分，将儒家经典也区分为宗经论、释经论二部，将之统称为"经"，如此"经学""小学"之名就可以不用设立。他认为，这不是他的首创，也不是佛家的发明，孔子晚而系《易》，《十翼》之文便开此二例。《彖》《象》《文言》《说卦》是释经，《系传》《序卦》《杂卦》是宗经。马一浮把所谓十三经按宗经论、释经论分为以下各类：

> 六艺之旨，散在《论语》而总在《孝经》，是为宗经论。《孟子》及二戴所采曾子、子思子、公孙尼子诸篇，同为宗经论。《仪礼·丧服传》子夏所作，是为释经论。三传及《尔雅》亦同为释经论。《礼记》不尽是传，有宗有释。《说文》附于《尔雅》，本保氏教国子以六书之遗。如是则"经学"、"小学"之名可不立也。②

---

① 参见《马一浮集》第一册，第15页。
② 《马一浮集》第一册，第15—16页。

二曰六艺统史部。马一浮认为，诸史皆统于《书》《礼》《春秋》，而"史学"之名可以不用。他说：

> 司马迁作《史记》，自附于《春秋》，《班志》因之。纪传虽由史公所创，实兼用编年之法；多录诏令奏议，则亦《尚书》之遗意。诸志特详典制，则出于《礼》，如《地理志》祖《禹贡》，《职官志》祖《周官》，准此可推。纪事本末则左氏之遗则也。史学钜制，莫如《通典》《通志》《通考》，世称"三通"，然当并《通鉴》计之为四通。编年纪事出于《春秋》，多存论议出于《尚书》，记典制者出于《礼》。判其失亦有三：曰诬，曰烦，曰乱。知此，则知诸史悉统于《书》《礼》《春秋》，而史学之名可不立也。[1]

三曰六艺统子部。此处详见前文"六艺统诸子"段。

四曰六艺统集部。马一浮认为，天下文章体例形制纷繁，若直探根源，全部可以统摄于《诗》《书》。因为写文章的目的，无非是言志、论事，言志即诗教所摄，论事即书教所摄，可见一切文学皆诗教、书教之遗，而"集部"之名可不立。

## （二）六艺统摄西来一切学术

马一浮认为，六艺不仅能统摄中土一切学术，还可统摄西

---

[1]《马一浮全集》第一册，第13页。

来一切学术。他的论证包括以下三个方面。

自然科学可统于《易》。在马一浮看来，这很容易理解，因为"《易》明天道，凡研究自然界一切现象者皆属之"。他说："物生而后有象，象而后有滋，滋而后有数。今人以数学、物理为基本科学，是皆《易》之支与流裔，以其言皆源于象数而其用在于制器。《易传》曰：'以制器者尚其象。'凡言象数者，不能外于《易》也。"①还说："今凡欲研求自然界之法则，欲明宇宙之本体者，不能外于《易》。"②

社会科学可统于《春秋》。这在马一浮看来，道理也很简单，因为"《春秋》明人事，凡研究人类社会一切组织形态者皆属之"③，"凡言人群之事相，究其正变得失者，不能外于《春秋》。《春秋》经世大法，不可以史目之"④。他亦曾云："人类历史过程皆由野而进于文，由乱而趋于治，其间盛衰兴废、分合存亡之迹，蕃变错综。欲识其因应之宜、正变之理者，必比类以求之，是即《春秋》之比事也；说明其故，即《春秋》之属辞也。属辞以正名，比事以定分。社会科学之义，亦是以道名分为归。凡言名分者，不能外于《春秋》也。"⑤所以，他认为可以用《书》《礼》统摄西学领域的政治、法律与经济。马

---

① 《马一浮集》第一册，第21页。

② 《马一浮集》第一册，第763页。

③ 《马一浮集》第一册，第21页。

④ 《马一浮集》第一册，第763页。

⑤ 《马一浮集》第一册，第21—22页。

一浮还注意到了社会科学统于《易》的情况。他认为，今治社会科学者，亦须明自然科学，这就在某种意义上与董仲舒所说的"不明乎《易》，不能明《春秋》"相通。

人文学科可统于《诗》《礼》《乐》《易》。马一浮认为文学、艺术统于《诗》《乐》；各宗教虽信仰不同，亦可统于《礼》；哲学则统于《易》《乐》《礼》。他说："哲学思想派别虽殊，浅深小大亦皆各有所见，大抵本体论近于《易》，认识论近于《乐》，经验论近于《礼》；唯心者《乐》之遗，唯物者《礼》之失。凡言宇宙观者皆有《易》之意，言人生观者皆有《春秋》之意，但彼皆各有封执而不能观其会通，庄子所谓'各得一察焉以自好'，'各为其所欲以自为方'者，由其习使然。若能进之以圣人之道，固皆六艺之材也。"①

综上所述，马一浮认为六艺该摄一切学术是理所当然的，此即是"道贯万事"之理在学术文化上的表现。中土一切学术和西来一切学术流派虽多，却不出六艺之教。

## 三、六艺统摄一切言行

天下事业，门类万殊，约归一身，不出《洪范》所谓"视、听、言、貌、思"五事，经籍中或以"视、听、言、动"四事称之，或以"正德、利用、厚生"三事称之，或以"言、行"二事称之。开合不同，各有理据，其要皆一心之发用。从其为

①《马一浮集》第一册，第22页。

一心之发用而言，视、听、言、貌、思诸事实质上不过一心之行事，马一浮所谓"视听言动四者皆行也"，即本于此理。以一行摄四事，意味着天行与人行合一，人行即是天行。在马一浮看来，视、听、言、动一于礼，则莫非天理之流行，此时不见有我，天人界限泯去，而全体是仁。

唯其如此，马一浮才说六艺统摄四事（即一切言行）。他说："心之发用，不出四事。视听以收敛向内为用，言动以发扬于外为用。用之而应于礼，在心则为智仁圣义中和之德，被于人则为《诗》、《书》、《礼》、《乐》之教。约之不过言行二端，故言行即礼乐也。"①此"言行即礼乐"，乃指圣人果地而言；普通人在因地则只能说"言行摄于礼乐"，而不能说"言行即礼乐"。值得一提的是，圣人六艺之教一方面纯从一理流出，另一方面又依受众而建立。因此，马一浮说："舍四事无以为教，舍四事无以为学也。"②"无以为教"，是从圣人一面说；"无以为学"，是从众人一面说。两者皆须通过四事才能融为一体，从而实现"穷理尽性以至于命"的人生目标。

## 四、六艺交互统摄

马一浮说："六艺可以互相统摄。"但他并未就此作专门的论述，只曾阐发一些只言片语。如"《诗》亦有《诗》之

---

① 《马一浮集》第一册，第662—663页。
② 《马一浮集》第一册，第663页。

《易》，《诗》之《诗》，《诗》之《书》，《诗》之《礼》，《诗》之《乐》，《诗》之《春秋》，其余各经准此可知。"①在马一浮看来，虽然六艺各主一德，如诗教主仁、书教主智等，但是并非一艺只含一德而不含其余诸德。事实上，圣人之教乃纯然天理之流露，不唯六艺各各遍摄万德，即便是其中一言半句亦尽摄诸德。此即佛家所谓一滴海水摄尽全海之味。可见，六艺之中任何一艺亦同时俱摄其余五艺。在马一浮的心目中，六艺是异中有同，同中有异，交参互入，重重无尽，可谓出神入化。其运用之妙，非涵养致知达到义精仁熟便很难领会。

## 五、六艺统摄于一心

马一浮本其"心外无事，事外无道"的一贯之旨，必然得出"六艺统摄于一心"的结论。在他看来，六艺是圣人本其性德之全而化成天下的言教，旨在明性道、陈德行。德为圣人之体，六艺为圣人之用。全体起用，则有六艺之教；全用归体，则六艺复归一心。他说：

> 更无心外法能与心为缘，是故一切法皆心也。是心能出一切法，是心遍摄一切法，是心即是一切法。圣贤千言万语只明此义，说性命之理乃是显此心之本体，说三才之道乃是显此心之大用，所以作《易》垂教，只是要人识得

———————————
① 《马一浮集》第三册，第939页。

此心耳。若不知性命之理,则此心之体不显,寻常日用只是随顺习气,全无自由分,是谓失其本心。故曰"仁者见之谓之仁,智者见之谓之智,百姓日用不知"也。"显诸仁",言识仁则体显也;"藏诸用",言智发则用备也。(仁以表体,用即是智。)全体在用,故名"藏";全用是体,故名"显"。此之谓心要,此之谓六艺之原。[1]

在马一浮看来,六艺本是人心实际具备的事,非圣人出于私智或个人偏好而刻意阐发出来的。吾人心量本来广大,性德本来具足,故六艺之道即是此性德中自然流出的,也即性外无道。他说:

> 从来说性德者,举一全该则曰仁,开而为二则为仁知、为仁义,开而为三则为知、仁、勇,开而为四则为仁、义、礼、知,开而为五则加信而为五常,开而为六则并知、仁、圣、义、中、和而为六德。就其真实无妄言之,则曰"至诚";就其理之至极言之,则曰"至善"。故一德可备万行,万行不离一德。知是仁中之有分别者,勇是仁中之有果决者,义是仁中之有断制者,礼是仁中之有节文者,信即实在之谓,圣则通达之称,中则不偏之体,和则顺应之

---

[1]《马一浮集》第一册,第488页。

用，皆是吾人自心本具的。[1]

理得于心而不失谓之德。圣人之心，私欲去尽，纯然天理，万德具足，开合不同，故有六种分殊。圣人六德行布于世，即为六艺之教。六艺之教实为变化气质、复归性德之本体而设。马一浮继承张载的心统性情说，认为性、情即是理、气；性是绝对善的，情则有善有恶。心统性情便意味着以理驭情，去其气质之偏而复其本然之善。他说：

> 心统性情，性是理之存，情是气之发。存谓无乎不在，发则见之流行。理行乎气中，有是气则有是理。因为气禀不能无所偏，故有刚柔善恶，先儒谓之气质之性。圣人之教，使人自易其恶，自至其中，便是变化气质，复其本然之善。此本然之善，名为天命之性，纯乎理者也。此理自然流出诸德，故亦名为天德。见诸行事，则为王道。六艺者，即此天德王道之所表显。故一切道术皆统摄于六艺，而六艺实统摄于一心，即是一心之全体大用也。[2]

---

[1]《马一浮集》第一册，第18—19页。
[2]《马一浮集》第一册，第19—20页。

第三章 『为政以德，为国以礼』：马一浮的政治思想

"为政以德，为国以礼"①基本上可以概括马一浮的政治思想。这两句话都出自《论语》："为政以德"出自《为政篇》，"为国以礼"出自《先进篇》。马一浮政治思想的核心就在孔子这两句话里。其政治思想的最大特色，就是其在"四方观政，孰不曰'美哉，欧洲之治也'"②的时代，独学孔子"祖述尧舜，宪章文武"，"述而不作，信而好古"。马一浮反对"无源之水，无本之木"，主张"靡革匪因，靡故匪新"；反对为创新而创新，主张返本以开新。其政治思想的重点，在"由迹返本"，追本溯源，探寻人类政治活动背后的根本理据。直指人心，直抉根源，只论政治的大根大本，而不在摘叶循枝上矜夸创新，是马一浮政治思想的重要特色。

　　马一浮讨论的是广义的政治而不是狭义的政治。在马一浮看来，"六艺皆政典"③，六艺之教无一不关乎政治，无一不可称为孔子的政治思想，所以他主张"政教一理，君师一道"④。马一浮的政治思想散见于其群经大义论说中，而集中于他的《洪范约

---

①参见《马一浮全集》第一册，第252页。

②《马一浮全集》第二册，第4页。

③《马一浮全集》第一册，第473页。

④《马一浮全集》第一册，第226页。

义》。他在《论语大义》中专门辟出一节来讲书教，又在讲解群经大义时专门用了一卷的篇幅来讲《洪范约义》。从这个意义上说，马一浮的政治思想是"政教一理""博约不二"的。这是马一浮政治思想的另一重要特色。

马一浮早年也曾向西方寻求救国之道，高度重视法国路易斯·博洛尔的《政治罪恶论》和卢梭的《社会契约论》。他从美国回来后，还特地将《政治罪恶论》翻译成中文并将其连载于《民立报》。路易斯·博洛尔对西方政治史上的政治罪恶的无情揭露和深刻批判，让他对马基雅维利（Machiavelli，1469—1527）以来，西方在政治思想及其实践中"倔然区政治、道德而二之"、主张为达目的可以不择手段的马基雅维利主义（machiavellianism）深感不满。他在1907年为《政治罪恶论》中译本所作序言（《政诚序》）中就说："究论为政之道，必克去其欲，纳之仁义。"①这为他后来完全用儒家的政治智慧来阐述治国理政的中国经验做了很好的铺垫。在高度的文化自觉与文化自信的基础上来谈政治，反对"今人舍弃自己无上之家珍，而拾人之土苴绪余以为宝，自居于下劣，而奉西洋人为神圣"的"至

---

① 《马一浮全集》第二册，第4页。

愚而可哀"之举①，是马一浮政治思想的又一重要
特色。

① 《马一浮全集》第一册，第20页。

马一浮对现实政治的关注始于青年时期，他曾一度寄希望于学习西方的政治学和社会学理论来解决中国的现实问题，但路易斯·博洛尔的《政治罪恶论》却让他发现天下乌鸦一般黑。因此，他不得不重新思考政治的本质以及政治罪恶的成因。

## 一、不患上之无政，而患下之无学

马一浮"不患上之无政，而患下之无学"的思想，与其父马廷培"大局之坏，由居官者无学无耻"的思想是一脉相承的。《政诚序》开篇就说："国无政不立，政所以为治之具也。"[①]也就是说，国家没有政权就不称其为国家，政权不过是国家治理的工具。政治的罪恶不在"政"，而在"治"，在主政的人身上。"政"在历史上每每被元恶、大憝、巨奸所攫取而"祸流于无穷"，以至于哀愤之士想要"划国去政，一切废除，返诸寥廓

---

① 《马一浮全集》第二册，第2页。

之世"，而马一浮却认为这是行不通的。他说：

> 夫政可去乎？可去非政也。政者，正也，去其不正而返之正。政非能自为正，自人为之耳。夫人失其正，亡政久矣。理欲之争，危矣哉。人性近理而常不胜其欲。理为圣符，欲为恶府，二者不相容，理欲消长之量，治忽升降之枢也。故上治任理，下治克欲，乱政欲胜。至于欲胜，理蔑不存，将孰为正，罪毒朋生，大乱以成。君子之于政，可不慎乎。[1]

青年马一浮已经开始用"理"与"欲"的矛盾来观察历史上"治"与"乱"的根源。他按照理欲关系，将自古以来的政治分为"上治""下治"和"乱政"三种类型，并在此基础上提出了追求善政的基本思路："弘至正之理，行无欲之教，绝颛权之制，建共治之法……"此时的马一浮对西方政治体制的态度虽然总体说来还是赞美的，但已经开始了对其的深刻批判。他的批判主要在三个方面：一是反对自马基雅维利以来将政治同道德区别开来，公然主张政治就是权谋的观念；二是近代以来"均权统治，定宪守约"的政治制度虽然"粲然备矣""信美矣"，但是"其所以行之之心"与马基雅维利所主张的"权谋家之术"没什么两样；三是反对对内对外用心两样——"务弱人

---

[1]《马一浮全集》第二册，第3页。

国以强其民""蕴然有杀伐之心"。所以马一浮说："缘利以为政，斯亦今日之势所不得已尔。欲抗颜而称太平之治、大同之体，眇乎远哉！……究论为政之道，必克去其欲，纳之仁义。"①《政诚序》的这个结论，是马一浮开始回归中国传统治国理政之道的先声。

《政治罪恶论》译成后，《民立报》连载其文四期。其间，马一浮目睹了辛亥革命后中国政治和社会的诸多变化，发现事实并非如他当年在美国时所想那般，即经过政治上的革命推翻"颛权之制"、建立"共治之法"就能解决现实政治和社会的问题。1912年，他又补写了《序言二》，说明他翻译传播《政治罪恶论》的动机。这篇《序言二》有两点值得注意。一是视政府为"万恶之源"，认为政治家争权力而祸人类的现象，不只君主国有之，民主国同样有之。二是对辛亥革命后"一跃而脱离专制时代之羁缚"的中国是否在进步仍然心存疑虑。通篇读下来，不难看出马一浮对"衰世人心"和"衰世政治家"的悲观看法。《政治罪恶论》对于马一浮的影响是深远的。从此以后，无论当局怎样垂青，他都小心翼翼地保持着与现实政治的心理距离。从某种意义上说，这篇《序言二》也是马一浮告别现实政治而潜心学问的一份公开声明。

《政治罪恶论》在《民立报》上分四篇刊载："权谋篇第一""演杀篇第二""无政府第三""憎恶篇第四"。这四篇译文

---

① 《马一浮全集》第二册，第4页。

不仅介绍了马基雅维利主义的主要内容及其恶劣影响，而且揭露了西方历史上的政治暗杀和诛戮暴君的罪恶，揭示了无政府主义之绝对平等的不可能，论证了人类历史上的政治仇恨是马基雅维利主义的产物。在"权谋篇第一"中，马一浮明确点评了当时的"革命诸贤"和"政治家""参议院""政府中人"。这三处点评，仿佛一位深谙政治之道的智者在即将退隐前夕对诸位政治人物的临别赠言。

值得一提的是，马一浮此后二十几年隐居陋巷，看似远离了现实政治，实则是想在更深远的意义上影响现实政治。这种深心大愿在他写给邵廉存的回信中表达得十分真切。他说：

> 且今日之祸，不患在朝之多小人，而患在野之无君子；不患上之无政，而患下之无学。祸之灼然切肤一国所共见者，得豪杰之士，犹可弭也。独其中于无形发于隐微之地者，为学术人心之大忧。[1]

这封信写于1909年5月31日。马一浮似乎已经预感到"山雨欲来风满楼"。"不待异族之噬而吾属尽矣"云云，皆由随后爆发的辛亥革命、军阀混战、日军入侵等一系列历史大事件所印证。这封信说明，他已经由对政治的批判转向对文教的批判，已经把现实政治和社会的糟糕境况归咎于"下之无学"。所以，

---

[1]《马一浮全集》第二册，第351页。

他后来选择下沉到社会的最底层，隐居陋巷，潜心学术，就不光是性格使然，也有他想用圣贤之学培厚社会的道德底蕴、造就德行高尚的治国理政之才的自觉。1912年3月，蔡元培任南京临时政府教育总长，邀请马一浮担任教育部秘书长。马一浮到任伊始，就提出了一揽子保护中华优秀教育传统的建议。例如，聘请深谙中国传统教育的宿儒参与学制的制定，劝设通儒院，延聘宿儒进行教育，以培国本；反对废止读经，反对男女同校。这些建议是他为改变教育局面而做的最后努力，体现了他的深谋远虑。可惜他的这些建议与蔡元培的教育思想不合，最后不得不以"不会做官，只会读书"为由挂冠而去。①

## 二、即事即理之谓政，理事不二之谓治

受《政治罪恶论》的影响，马一浮对于西方政治学将政治从道德中剥离出来的做法不以为然，认为政治与道德密不可分，政治与教育、学术休戚相关，并将其追根溯源到我国古代"政教一理"的传统。他说："实则希腊之文化，海盗商人之文化也。酒色歌舞，好勇斗狠，故其政治只尚力。中国则政者正也，所以正人之不正也。王者之政，自是以德化为本。"②他还说："《学记》曰：'师也者，所以学为君也。''三王四代唯其师'，言为君之道，皆务自学充之。天生烝民，立之君，作之

---

①参见陈星：《隐士儒宗·马一浮》，山东画报出版社1996年版，第9页。
②《马一浮全集》第一册，第675页。

师，故曰：'君师者，治之本。'古者政教一理，君师一道，未有能为君而不能为师者也。"①

马一浮的政治思想，首重对"政治"做追根溯源的义理阐释。他对于政治的理解直达政治之为政治的究竟本质。《仲尼燕居释义（上）》专门列出"原治"一目，《仲尼燕居释义（下）》又专门列出"原政"一目。他的《礼教绪论》，只讲一篇《仲尼燕居》；而《仲尼燕居释义》上下两篇，基本上只讲"政治"二字。《仲尼燕居释义》通过孔子与子张、子贡、子游三人就"礼"展开的对话，将"政治"的究竟本质讲得清晰明了。

孔子认为"礼"有两种性能，一是可以让人的生活"周流而无不遍"，二是可以让人的生活而"无过无不及"。这是人心完全没有受到环境影响和没有执念时顺礼而行的理想状态，事实上人心很容易受到环境的影响，很容易产生执念，所以人之情很容易过或不及。例如孔子就批评子张礼太过，子夏礼不及。正是因为人之情容易过或不及，所以才需要用礼乐来调教和治理。在马一浮看来，政治起源于礼之失，礼之失在过与不及，因此需要相应的措施来矫正。孔子对子贡所说的"夫礼所以制中也"，对子游所说的"礼也者，领恶而全好者"，都是这个意思。马一浮对"领恶而全好"的阐释是直接冠之以"原治"之名。"原治"，就是追根溯源探寻"治"的本义。"领恶而全好"

---

① 《马一浮全集》第一册，第226页。

是治理习气之恶而成全其本性之善。其中，"领"相当于"治理"，"恶"只是过分或不及，"全"是"完成"，"好"是"善"，"善"的意思是"中"。在马一浮看来，礼本身就是性德的发用，本性无有不善，即是发用无有不中。之所以会出现过分或不及的情况，都是由气质的偏颇导致的。孔子所谓"领恶而全好"，就是用自觉的道德修养来变化气质，从而成全人性中本来就有的善，也就是自己改变自己的恶，自己恢复自己的"中"。①

马一浮是站在"性修不二"的高度来讨论治国理政的，其中至少包括三个要点。一是在"性无有不善"的人性论的基础上展开。这种政治思想对人性之善有坚不可摧的信心，与建立在性恶论基础上的政治思想是根本不同的。二是在肯定人性之善的同时承认人还有"气质之偏"的现实问题，从而证成国家治理的必要性，即不是肯定了人性之善，就可以放任自流，推行无政府主义。三是虽然承认国家治理的必要性，但又强调治理必须是"从性起修，从修显性"。换句话说，就是国家治理应当尊重人性、尊重常识，而不能生搬硬套某种意识形态来强行治理，更不可不惜践踏人性、违背常识。总之，马一浮的政治观，是"即事即理""理事不二"的政治观。他说："事无不该之谓遍，理无不得之谓中，理事不二之谓治。（即事得其理，亦即事外无理。）理事相违之谓过，即事即理之谓政，（即理外无

---

①参见《马一浮全集》第一册，第256—257页。

事。）事失其理之谓乱。"[1]

马一浮之"原政"是从《仲尼燕居》"子张问政"切入的：

> 子张问政。子曰："师乎，前，吾语女乎！君子明于礼乐，举而错之而已。"子张复问。子曰："师，尔以为必铺几筵，升降酌献酬酢，然后谓之礼乎？尔以为必行缀兆，兴羽籥，作钟鼓，然后谓之乐乎？言而履之，礼也；行而乐之，乐也。君子力此二者，以南面而立，夫是以天下太平也。诸侯朝，万物服体，而百官莫敢不承事矣。"[2]

按照马一浮的理解，孔子答子张问政的这段话阐明的是"即事即理"的道理。所谓"即事即理"，即事因理顺，理因事显，事外无理，理外无事。仁王之政是制礼作乐，行礼用乐，除了礼乐，别无政治，故政治的实质就是礼乐，礼乐的实质就是言行。子张是孔门弟子中的高明之士，所以才会问政治的本质，而孔子回答他"君子懂得礼乐的本质并恰到好处地实施礼乐，便是政治"，使他感到莫名其妙，怀疑孔子是不是没听清楚他的问题，便再问一遍。大概在子张看来，政治是政治，礼乐是礼乐，二者不是一回事。孔子再次回答子张时，就把子张的疑惑一一解开。子张首先因惑于礼乐的事相，误以为"铺几筵，

---

[1]《马一浮全集》第一册，第259页。
[2]《马一浮全集》第一册，第266页。

升降酌献酬酢"这类礼仪才是礼，"行缀兆，兴羽籥，作钟鼓"才是乐，不知道礼乐的本质是言行的妥当合理；再者，他误以为礼乐之外的法制禁令才是政治，而孔子明确告诉子张，政治不过"明于礼乐，举而错之而已"！言行一致就是礼，言行快乐就是乐。君子在这两个方面尽心尽力，就可以垂拱而治，天下太平。诸侯就会从四面八方前来朝觐，万物就会顺其条理而井然有序，百官谁也不敢不恪尽职守。天下还有比这更简易更美好的政治吗？

　　显然，马一浮对于政治的理解完全基于儒家的性善论，与基于性恶论和阴谋论的政治哲学存在根本不同。例如，马克斯·韦伯就把政治理解为共同体的生存，他认为当一个国家的生存遇到挑战时，对正义的追求就必须退居第二位。施密特更是把政治理解为"运用暴力，团结朋友，打击敌人"。相比于马基雅维利以来世界上流行的各种基于暴力镇压、强力管控与权力运作的政治观，马一浮的政治观不仅没有因为古老而显得迂腐，反而因为正本清源而别开生面。

　　"问渠那得清如许，为有源头活水来。"中国之所以能成为
四大文明古国中唯一绵延至今的文明，一个重要原因就是中国
文化始终秉承"慎终追远""返本开新"，始终能接通中国文化
的源头活水，"穷则变，变则通，通则久"。马一浮的政治思
想，便注重接通中国文化的源头活水。他说："古人言语必有根
据。故《曲礼》曰'言必则古昔，称先王'；《虞书》曰'无稽
之言勿听，弗询之谋勿庸'。"他进一步举例说："孔子'祖述
尧舜，宪章文武'，'述而不作，信而好古'。"①"祖述尧舜，
宪章文武"，即以唐尧、虞舜为仁道的源头，以文王、武王为政
治的典范。在马一浮看来，孔子的政治思想说到底也不过是
"祖述尧舜，宪章文武"；孟子"言必称尧舜"，其政治思想亦
是"祖述尧舜，宪章文武"。马一浮认为，无论为人处世还是治
国理政，都只有两条道路：君子之道与小人之道。他说："君子

---

① 《马一浮全集》第一册，第128页。

之道是仁，小人之道是不仁。仁者浑然与物同体，反此则有有我之私，便是不仁。"①在马一浮看来，治国理政的康庄大道只有一条，那就是尧舜所代表的仁道，即君子之道；舍此便是不仁之道，即小人之道。不仁之道虽五花八门，或光耀一时，终究不过是"缘利以为政"的政治迷途与"霸霸相代"的政治怪圈。

## 一、王霸之辨

蔡沈在《书经集传序》中说："二帝三王治天下之大经大法，皆载此书。"②这也是马一浮的看法："《书》以道政事，尧、舜、禹、汤、文、武、周公所以治天下之道在是焉。""尧、舜、禹、汤、文、武、周公所以治天下之道"，即是《尚书·洪范》所谓"无偏无党，王道荡荡"的"王道"，与之相对的就是所谓"霸道"。马一浮的政治思想，特别看重"王霸之辨"。

孟子云："以力假仁者霸，霸必有大国；以德行仁者王，王不待大。汤以七十里，文王以百里。以力服人者，非心服也，力不赡也；以德服人者，中心悦而诚服也，如七十子之服孔子也。"（《孟子·公孙丑》）马一浮对孟子的"王霸之辨"十分推崇。他说："从来辨王、霸莫如此言之深切著明。学者须知孔孟之言政治，其要只在贵德而不贵力。然孔孟有德无位，其道

---

① 《马一浮全集》第一册，第25页。

② 蔡沈：《书经集传》，上海古籍出版社1987年版，第6页。

不行于当时，而其言则可垂法于万世。"①孟子之所以能特别深切著明地辨别王道与霸道，就因为他三言两语就把王道与霸道的根本区别讲得清晰明了。孟子这段话有三个要点。从治国理政的方式上看，霸者是依靠外力，把"仁"当作号召民众的工具；王者则是依靠德行直接体现"仁"本身。从治国理政的条件上看，霸主必须拥有大国，王者却不必拥有大国。因为霸主依靠的是外力，诸如财力、人力和武力等都要有大面积的国土才能产生和维持；王者依靠的是德行，德行如草上之风，可以直接赢得民心，如商汤凭借方圆七十里的国土就能行王道，周文王凭借方圆百里的国土也能行王道。从治国理政的效果上看，霸者是用外力征服他人，他人并不由衷地服膺，只是屈服于外在力量罢了；王者以德服人，人民才会由衷地喜欢和佩服他，如孔子的七十位弟子对孔子的心悦诚服就是这样。

## 二、二帝三王是治国理政的典范

马一浮认为，"天下太平"的圣王之治在中国历史上不是幻想的乌托邦，而是实有其理，实有其事。尧的"光被四表，格于上下"，文王的"自西自东，自南自北，无思不服"，马一浮都信其为事实。他说："干羽格有苗之顽，不劳兵车；礼让息虞、芮之讼，安用制裁。是故不赏而劝，不怒而威，不言而信，无为而成。《中庸》曰'君子笃恭而天下平'，'声色之于以化

---

① 《马一浮全集》第一册，第6页。

民末也'。圣人至德渊微，自然之效，斯乃政治之极轨。"①人类政治的"极轨"俱载于《尚书》。其中所记尧、舜、禹、汤、文、武、周公之治国理政的具体形态各不相同，但其心其德莫不同。蔡沈的《书经集传序》对此言之甚明。他说：

> 二帝三王之治本于道，二帝三王之道本于心。得其心，则道与治固可得而言矣。何者？精一执中，尧、舜、禹相授之心法也。建中建极，商汤、周武相传之心法也。曰德曰仁，曰敬曰诚，言虽殊而理则一，无非所以明此心之妙也。至于言天，则严其心之所自出；言民，则谨其心之所由施。礼乐教化，心之发也；典章文物，心之著也；家齐、国治而天下平，心之推也。心之德其盛矣乎！二帝、三王，存此心者也；夏桀、商受，亡此心者也；太甲、成王，困而存此心者也。存则治，亡则乱。治乱之分，顾其心之存不存如何耳。后世人主有志于二帝三王之治，不可不求其道；有志于二帝三王之道，不可不求其心。②

马一浮多次提到蔡沈的《书经集传》及其序，称赞他能高扬《书经》之大旨，能把握《书经》之关键。在《论语大义·书教》中，马一浮还大段引用了上述序文。这段序文，义理之

---

①《马一浮全集》第一册，第6页。

②蔡沈：《书经集传》，上海古籍出版社1987年版，第6页。

精妙，辞章之精美，千年难得一见！它确实抓住了《书经》乃至整个华夏文明政治思想的关键。从这个意义上说，蔡沈的《书经集传序》是打开中华治国理政思想殿堂大门的钥匙。今略加注解并翻译如下：

二帝三王的善治，根本原因在于他们治国理政的善道，他们治国理政的善道又出自他们的仁心。懂得了他们的仁心，便可论及其治国理政的善道和善治。为什么这么说呢？《书经》之"精一"和"执中"①，是尧、舜、禹递相传授的心法；"建中"和"建极"②，是商汤和周武王递相传承的心法。《书经》中所说的"德""仁""敬""诚"，虽然用词不同，但所说的道理都一样，无非是用来说明此心的妙用。至于说"天"，那是因为此心来源于天，所以对此心要十分敬畏③；至于说"民"，那是因为此心作用于民，所以对此心要特别谨慎。礼乐教化，是心的发用；典章文物，是心的显现；家齐、国治到天下平，是心的推扩。心的性能真是盛大啊！二帝和三王，是保存此心的人；夏桀和商纣，是丧失此心的人；太甲和成王，是经历困苦后恢复此心的

---

① "精一""执中"，出自《虞书·大禹谟》，为"人心惟危，道心惟微，惟精惟一，允执厥中"十六字心法的略称。大意是，用精微纯一的心去把握"人心"与"道心"的中道。

② "建中"，出自《商书·仲虺之诰》，为"建中于民"的略称。"建极"，出自《周书·洪范》，为"皇建其有极"的略称。"中"和"极"相近，指的是治国理政的最高标准。

③ 言外之意，此心既不来自父母，也不来自自己的肉体，更不是来自身外之物，而是直接来源于至高无上、神秘莫测的天。因为其出处是天，所以此心尊严，不可怠慢。

人。保存此心，天下才有善治；丧失此心，天下就会动乱。善治和动乱的分野，就要看君王的仁心存不存以及如何存。后世的君主如果有志于二帝三王的善治，不可不寻求他们的善道；有志于他们的善道，不可不寻求他们的仁心。

《书经集传序》把"二帝三王之道"的源头追溯到"二帝三王之心"，却没有明说这个"道"是什么道，这个"心"是什么心。笔者认为，这个"道"就是"王道"，这个"心"就是"仁心"。"王道"与"霸道"相对，"仁心"与"私欲"相对。在马一浮看来，"道一而已"，只有"仁"这一条"道"，其余的都是不"道"。只因后世霸主都自托于"道"，才要造"王道"和"霸道"两个新词来加以区分。

《中庸》曰："仲尼祖述尧舜，宪章文武，上律天时，下袭水土。辟如天地之无不持载，无不覆帱，辟如四时之错行，如日月之代明。万物并育而不相害，道并行而不相悖。小德川流，大德敦化。此天地之所以为大也！"意思是说：孔子以唐尧、虞舜为王道的源头，以文王、武王为王道的典范，上循天时，下顺地理。像天那样无不覆盖，像地那样无不承载，像四季那样交错运行，像日月那样交替照明。万物都能生长而互不妨害，道路都能通行而互不冲突。小德如流动的河流一样滋养沿途生物，大德如敦厚的大地一样化育万方百姓。这就是天地为什么伟大的原因。《中庸》这一章将孔子的治国理政之道与天地日月之道相提并论，暗含《周易》天、地、人三才之道，与孔子"一贯三为王"之义一脉相承。

## 一、"为政以德"是马一浮政治思想的根本灵魂

孔子云："为政以德，譬如北辰，居其所而众星共之。"马一浮认为，《论语》此言揭示了《尚书》的要义之所在。他说："德是政之本，政是德之迹。"[①]也就是说，道德是政治的根本，政治是道德的表现。《中庸》曰："君子不赏而民劝，不怒而民威于铁钺。《诗》曰：'不显惟德，百辟其刑之。'是故君子笃恭而天下平。《诗》曰：'予怀明德，不大声以色。'子曰：'声色之于以化民，末也。'"马一浮认为这是为政以德的极致。孔子云："道之以政，齐之以刑，民免而无耻；道之以德，齐之以礼，有耻且格。"朱子注曰："政者，为治之具。刑者，辅治之法。德、礼则所以出治之本，而德又礼之本也。"[②]马一浮认为，

---

① 《马一浮全集》第一册，第139页。
② 朱熹：《四书章句集注》，中华书局1983年版，第54页。

《论语·为政》"数语将一切政治得失判尽"，而朱子"数语亦判得分明"①。

马一浮特别关注《尚书》中赞叹二帝三王道德成就的表述。如《虞书·尧典》赞尧之德说"钦明文思安安，允恭克让""克明俊德"，《舜典》赞叹舜之德说"浚哲文明，温恭允塞""玄德升闻""惇德允元"等。在《泰和宜山会语》中，马一浮对"钦明文思安安"做了颇为详尽的解释。他说：

> 钦即敬也，钦而后能明，明谓理无不照。"文思"即是文理密察，谓事无不辨。舜之"察于人伦，明于庶物"，约言之，即"文思"，亦曰"浚哲文明"。（"文明"二字始此。）此言文者，即谓伦物也。"钦明"是照体，"文思"是妙用，体用备矣。"安安"是"行其所无事"之貌。理事双融，从容中道，自然虚融恬静，触处无碍，此圣人果德之相也。若在因地，即"毋不敬"三语所摄……政者，正也。未有己不正而能正人者。如欲安人，先须修己，故"为政以德"即是"修己以敬"也。富哉言乎！未有三业不修而能安人者也。②

马一浮的上述解释，已经把"为政以德"的重要性和必要

---

①《马一浮全集》第一册，第139页。

②《马一浮全集》第一册，第62—63页。

性阐释得非常清楚了。在他看来，政治与道德不可割裂，道德之外无政治，离开道德而讨论政治，必失政治之所以为政治的真谛。"道一而已，因有得失，故有同异。同者得之，异者失之……故曰'道外无事，事外无道。'因其心智有明有昧，故见之行事有得有失。"他认为，王道的根本在内圣之德。其政治思想特别注重阐释"帝""王"等尊号背后的道德内涵。与一般人将儒家六经中"帝""王""天子""大（太）君""大人"理解为政治地位的尊号不同，马一浮认为这些名号都是表示道德成就的，没有高低优劣之分。他说：

> 帝王皆表德之称。《说文》："帝，谛也。"（《春秋元命包》、《运斗枢》皆有此文。）"王天下之号。""谛，审也。"《诗》毛传曰："审谛如帝。"审谛是义理昭著之意，犹言"克明峻德"。谓此一理显现，谛实不虚，名之曰帝。"王者，往也。天下所归往也。"《春秋繁露》曰："古之造文者，三画而连其中谓之王。三者，天地人也。而参通之者，王也。"许书引孔子曰："一贯三为王。"言其与天地合德，人所归往，故谓之王。《易乾凿度》曰："易有君人之号五：帝者，天称也；王者，美行也；天子者，爵号也；大君者，与上行异；大人者，圣明德备也。变文以著名，题德以别操。"郑注云："虽有隐显，应迹不同，其致一也。"此明五号元无胜劣，只是变文，迹有隐显，本惟

是一。①

马一浮用"君德"一词对孔子政治思想之根本做了专门的阐述。"君德"一词出自《周易·乾卦·文言》："《易》曰：'见龙在田，利见大人。'君德也。"所谓"君德"，简言之，就是君主所必备的道德。马一浮认为，有君德未必居于君位，居君位则必须具备君德，失德则失位，否则"德不配位，必有祸殃"。值得特别注意的是，马一浮在复性书院讲《诗教绪论》时，竟然没有直接讲《诗经》，而是以《礼记·孔子闲居》阐释"君德"。其《孔子闲居释义》分为"总显君德""别示德相""明德用"和"叹德化"四节，详尽地阐释了王政之根本在于"君德"。表面上看似乎论述的不是《诗经》，实则阐述的正是《诗经》之所以为"经"（而不是今人所谓"诗歌"）的根本理据。《礼记·孔子闲居》开篇原文如下：

> 孔子闲居，子夏侍。子夏曰："敢问《诗》云'凯弟君子，民之父母'，何如斯可谓民之父母矣？"孔子曰："夫民之父母乎！必达于礼乐之原，以致五至，而行三无，以横于天下。四方有败，必先知之。此之谓民之父母矣。"

马一浮认为《礼记·孔子闲居》不仅是诗教大义之所在，

---

① 《马一浮全集》第一册，第140—141页。

而且通于书教大义，称其"深探王政之本"，是真正的"内圣外王之学"。马一浮把"凯弟（恺悌）君子"理解为内圣之德，把"民之父母"理解为外王之位。德位相配，是王政的基本要求。"必达于礼乐之原，以致五至，而行三无"是对王者的道德要求。至于怎样才算"达于礼乐之原"，什么叫"以致五至，而行三无"，子夏都一一请教了孔子，孔子也一一做了合乎情理的回答。马一浮在讲解时先以《总显君德》为题对"君德"做提纲挈领的解释，接着以《别示德相》为题对"君德"的具体内涵一一做了阐述。他的结论是："君子之德者，君德也。君德者，仁也。'君子去仁，恶乎成名？'故可谓'民之父母'者，亦仁而已矣。"[1]

在马一浮看来，仁不易知，故知德者鲜。仅从言行观察，很难评价一个人是否真有道德，故孔子说"唯仁者能好人能恶人"。《论语·子路》所记子贡和孔子的对话就很能说明这一点。子贡问曰："乡人皆好之，何如？"子曰："未可也。"子贡再问："乡人皆恶之，何如？"子曰："未可也。不如乡人之善者好之，其不善者恶之。"乡愿，"众皆悦之"，孔子却斥之为"德之贼"，并说明他厌恶乡愿的理由是"恐其乱德也"。今人喜言"德行"，实则"德行"为"内外之名"。"行"是人们能看得见的，"德"却唯有自证，他人很难相知。言语则是比行为更外在的事物，言行可以作为道德之旁证，却不能直接证明道

---

① 《马一浮全集》第一册，第227—228页。

德。所以孔子才说"有德者必有言，有言者不必有德"，"始吾于人也，听其言而信其行。今吾于人也，听其言而观其行"。《论语》中，不少人问孔子某某是否仁，孔子都不轻易回答。例如，子张问令尹子文和陈文子"仁矣乎"，孔子都以"未知，焉得仁？"回答他。又如，孟武伯问子路、冉有、公西华"仁乎"，孔子都回答说"不知其仁"。原思问："克、伐、怨、欲不行焉，可以为仁矣？"孔子回答说："可以为难矣，仁则吾不知也。"凡此种种，都可以看出即使他人有杰出的善行，孔子也不轻易用"仁"来赞许，因为有善行未必就有仁德。马一浮说："君子之所以为成德者，乃在心术。行事显而易见，心术微而难知。若但就行事论人，鲜有不失之者矣。"①古来常有大奸大恶之人享有高位、盛誉，所以"孔子作《春秋》，乱臣贼子惧"。《春秋》以圣人"笔法"，将春秋二百四十二年的君君臣臣、父父子子做了一次"终审"，成为中国文化史上评论政治人物和政治事件的经典案例。

## 二、"为国以礼"是马一浮政治思想的基本遵循

马一浮认为礼乐一体，"为国以礼"也可以说是"为国以礼乐"的缩略表述。在他看来，德是为治之主宰，政是为治之工具，而"为治之具"只是礼乐，"舍礼乐别无政治"。法制禁令只是礼乐的辅助，不能与礼乐相提并论，更不能代替礼乐而为

①《马一浮全集》第一册，第28页。

政治之代名词。儒家的"为国以礼"与法家的"依法治国"存在根本不同。在"为国以礼"的视域中，国只是实施德教的工具。这在已经被马基雅维利主义毒化的政治观中是被视作道德理想主义的"乌托邦"的，但在马一浮的政治思想中，这样的政治不仅真有其理，而且实有其事。"为国以礼"不仅是中华民族在二帝三王时代曾经实行过的真王道，而且是历代有抱负的政治家一直力图复兴的优良传统，也是马一浮政治思想的落脚点。马一浮在复性书院时，专门于《礼教绪论》节而非《尚书》或《春秋》节讲授"原治"与"原政"，更是非常耐人寻味的。

子曰："教民亲爱，莫善于孝。教民礼顺，莫善于悌。移风易俗，莫善于乐。安上治民，莫善于礼。"①《论语·颜渊》曰："季康子问政于孔子。孔子对曰：'政者，正也。子帅以正，孰敢不正？'"在孔子看来，政治无非是安上治民和移风易俗，既然在安上治民和移风易俗上没有比礼乐更好的，自然舍礼乐便无所谓政治了。为什么说"安上治民，莫善于礼"、"移风易俗，莫善于乐"？按照《庄子·天下》"《礼》以道行，《乐》以道和"的说法，礼乐的功能本来就是引导人民行正、促进社会和睦，这与儒家政治的根本目的是一致的。按照《礼记·经解》"恭俭庄敬，《礼》教也""广博易良，《乐》教也"之说，能把人民引导到"恭俭庄敬"与"广博易良"的程度，则政治的目的也就实现了。而要全面深入地理解马一浮"舍礼乐无以

---

① 胡平生译注：《孝经译注》，中华书局1996年版，第28页。

为政"的结论，便有必要系统地了解他的六艺大义论，尤其是他在《论语大义》中所讲的礼乐教义。其中的《礼乐教上》说：

> 礼者，天地之序。乐者，天地之和。《易·序卦》曰："有夫妇然后有父子，有父子然后有君臣，有君臣然后有上下，有上下然后礼义有所错。"此自然之序也。《虞书》舜命契曰："百姓不亲，五品不逊，汝作司徒，敬敷五教在宽。"五教之目，皆因其秉彝之所固有而导之，使亲睦逊顺，天性呈露，不能自已，则是和之至也。故曰："人人亲其亲，长其长，而天下平。"①

无论何种政治，都会谋求秩序稳定、社会和谐，然而古来政治多半事与愿违，秩序多不稳定，社会多不和谐。在马一浮看来，其根本原因是私智私欲。"安上治民"之所以"莫善于礼"，"移风易俗"之所以"莫善于乐"，皆因礼是"天地之序"而不是人为之序，乐是"天地之和"而不是人为之和。他之所以要在"序"与"和"前各加"天地"一词，无非是凸显礼乐之道乃天理人伦的自然之道，而非"统治阶级的意识形态"，即建立在天理人伦自然之道上的政治才是光明正大的政治，才是长治久安的政治。舜任命契为司徒，其目的也不过是求百姓亲和，顺从人性内在的仁、义、礼、智、信"五品"（即五常）之

---

① 《马一浮全集》第一册，第143页。

方法也不过是"敬敷五教在宽"。"五教"，指父义、母慈、兄友、弟恭、子孝五种伦理道德教育。"敬敷五教在宽"的"敬"和"宽"二字已将孔子"为国以礼"的精神鲜明地点了出来。

《说文》曰："敬，肃也。""肃者，持事振敬也。"两字互为转注，意即心无旁骛，认认真真地做当下之事。梁漱溟说："吃饭好好吃，睡觉好好睡，走路好好走，说话好好说，如此之谓'敬'。敬则不苟偷，不放肆。敬则心在腔子里。敬则不逐物，亦不遗物。"①马一浮认为，礼以敬为本。"圣贤之学……工夫唯在一'敬'字上，甚为简要，不似诸余外道之多所造作也。"②君子修身、齐家、治国、平天下的全过程都不能没有居敬的功夫。孔子"修己以敬"即是如此。《曲礼》曰："毋不敬，俨若思，安定辞：安民哉。"马一浮认为，"毋不敬"就是无时不敬，无往而非礼。忠信存乎中，其见于容貌者必庄肃，其见于言语者必安定，如是乃可以莅众而立事，故曰"安民哉"。敬则自然虚静，故能思。深思者，其容寂，故曰"俨若思"。敬则自然和乐，故能安。气定者，其辞缓，故曰："安定辞"。③在解释《洪范》九畴中的第二畴"敬用五事"时，马一浮就深刻地揭示了"敬"对于"五事（貌、言、视、听、思）""五德（恭、从、明、聪、睿）"和"五功（肃、乂、哲、谋、

---

① 《梁漱溟全集》第八卷，山东人民出版社2005年版，第41页。后文引该书同此版本，不另注作者、版本信息。

② 《马一浮集》第一册，第525页。

③ 参见《马一浮集》第一册，第76—77页。

圣）"的极端重要性。他说：

> 五德之相，贯之者思；五事之用，发之者敬。故程子
> 曰："敬也者，体信达顺之道，聪明睿智皆由此出。"唯敬
> 而后能知性，唯敬而后能尽性，唯敬而后能践形……天人
> 之精神皆聚于敬；非敬则五事无其体，非敬则五行无其用。
> 貌敬则恭，言敬则从，视敬则明，听敬则聪，思敬则睿。
> 貌言视听思，皆人也；恭从明聪睿，则皆天也。人而天之，
> 敬用之效也。全气是理，即人而天。理有所不行即性有所
> 不尽，而天人隔矣。此是圣人吃紧为人处，思之。[①]

马一浮认为"敬"实为万事根本。"敬"是整合五德、五
事、五功为一体的功夫。一己之五事有失敬处，即是五德有不
存；五德有不存，便是五功有不成。他说："不能敬用五事者，
必不能农用八政。六国之争攘，申、韩之刻薄，秦政之暴戾，
汉、唐之苟且，皆由五事不修，故八政失其理，民德不正而日
趋于薄。此《洪范》所以重建极，而五事尤为建极之大本
也。"[②]马一浮在广西宜山首讲就讲《论语》之"子张问行"，正
是针对当时学术界"侈谈立国而罔顾立身"且不知立身以礼、
"修己以敬"的问题而讲的。他说：

---

① 《马一浮集》第一册，第347页。
② 《马一浮集》第一册，第365页。

　　如今一般为学方法，只知向外求事物上之知识，不知向内求自心之义理。不能明体，焉能达用？侈谈立国而罔顾立身，不知天下国家之本在身，身尚不能立，安能立国？今谓欲言立国，先须立身，欲言致用，先须明体。体者何？自心本具之义理是也。义理何由明？求之六艺乃可明。六艺之道不是空言，须求实践。实践如何做起？要学者知道自己求端致力之方，只能将圣人吃紧为人处尽力拈提出来，使合下便可用力。①

　　马一浮为学者所揭示的"圣人吃紧为人处"和"合下便可用力"的"求端致力之方"，实际上就是孔子告诉子张的"言忠信，行笃敬"六个字。

　　"敬"除了有行事认真的意思之外，还有尊重对方的意思。《孝经》曰："礼者，敬而已矣。故敬其父，则子悦。敬其兄，则弟悦。敬其君，则臣悦。敬一人而千万人悦。所敬者寡而悦者众，此谓之'要道'也。"②这段话的意思是，你尊敬你的父亲，就会有千万个做儿子的人感到喜悦；你尊敬你的哥哥，就会有千万个做弟弟的人感到喜悦；你尊敬你的领导，就会有千万个做下属的人感到喜悦。你尊敬的虽然只是一个人，却有千

---

① 《马一浮全集》第一册，第46页。
② 胡平生译注：《孝经译注》，中华书局1996年版，第28页。

万人感到喜悦。你所尊敬的人不多，但是因你的敬意而感到喜悦的人却很多。这就是为什么要称之为"要道"的原因。"尊重对方"，的确是中国三千年来治国理政的"要道"。当今社会仍然不能有效解决的冲突，中国古人就通过孝悌、礼乐所教养出来的尊重对方的真情实感悄然化解冲突于无形。梁漱溟先生对中国政教的这一神奇效果也有深切的感慨：

除自然灾害外，人类之自为祸者有二：曰愚蔽与强暴。此祸至今未已，而于古为烈……何以解此祸？只有开出人类的理性来。理性，一面是开明的，——反乎愚蔽；一面是和平的，——反乎强暴；故惟理性抬头，愚蔽与强暴可免。有时儒家澈见及此，而深悯生民之祸，乃苦心孤诣，努力一伟大运动，想将宗教化为礼，将法律、制度化为礼，将政治（包含军事、外交、内政）化为礼，乃至人生的一切公私生活悉化为礼；而言"礼"必"本乎人情"。将这些生活行事里面愚蔽的成分、强暴的气息，阴为化除，而使进于理性。所谓"礼乐不可斯须去身"（语见《礼记》），盖要人常不失于清明安和，日远于愚蔽与强暴而不自知。理性的开启，从这里收功最大。虽后来"礼崩乐坏"，然中国人社会生活的进行，始终要靠礼俗。礼之一物，非宗教、非政治；亦宗教、亦政治，为中国所特有；居其文化之最重要部分。[1]

---

[1]《梁漱溟全集》第二卷，第183—184页。

18世纪法国启蒙时代的著名思想家孟德斯鸠也注意到了中国"为国以礼"的优良传统，并且给予了很高的评价。他说：

> 支那之圣贤人，其立一王之法度也，所最重之祈响，曰惟吾国安且治而已。夫如是，故欲其民之相敬。知其身之倚于社会而交于国人者有不容己之义务也，则礼仪三百、威仪三千，从而起矣。是以其民虽在草泽州里之间，其所服习之仪容殆与居上位者无攸异也。因之，其民为气柔而为志逊，常有以保其治安，存其秩序，惩忿窒欲，期戾气之常屏而莫由生。
>
> ……
>
> 彼方合宗教、法典、仪文、习俗四者于一炉而冶之。凡此皆民之行谊也，皆民之道德也；总是四者之科条而一言以括之曰"礼"，使上下由礼而无违，斯政府之治定，斯政家之功成矣。此其大道也，幼而学之，学于是也；壮而行之，行于是也。教之以一国之师儒，督之以一国之官宰。举民生所日用常行，一切不外于是道。使为上能得此于其民，斯支那之治为极盛。①

---

① 《梁漱溟全集》第二卷，第184页。

第四章

『千年国粹，一代儒宗』：马一浮的人生成就马一浮于1967年6月2日去世，由于当时正处"文化大革命"时期，所以未开追悼会。1980年6月10日，浙江省人民政府办公厅为马一浮补开追悼会。次日，梁漱溟先生从北京发来的挽电称其为："千年国粹，一代儒宗"。马一浮尝言："知德者鲜，故唯圣人能知圣人，唯君子能知君子。""唯君子能知君子"，梁漱溟先生这副挽联正应此语。梁漱溟一生修辞立其诚，言必由衷，表里如一，评点人事十分严谨。他二十二岁左右就已经悟得"颜回三月不违仁"的境界，写这副挽联时已经八十七岁，其一生笃实修行，耄耋之年的生命境界更是达常人难以想象之境，而且他这副挽联是在马一浮去世十三年后撰写的，其思想和感情都经过了时间的沉淀。因此，有理由相信这副挽联是他对马一浮一生的最终评价。

1907年，尚处青年时期的马一浮在给舅舅何稚逸的信中就明确表达，"有志于二宗。欲为儒宗，著秦汉以来学术之流派；为文宗，纪羲画以降文艺之盛衰。将以汇纳众流，昭苏群惑。悬艺海之北辰，示儒术之总龟，振斯道于陵夷，继危言于将绝"①。马一浮的本意是要写出《文宗》和《儒宗》两部著作，而不是做文艺与儒学的宗师。尽管这两本著作都没能完成，但综观其一生的志业和成就，谓之"一代文宗"和"一代儒宗"，他当之无愧。

## 一、汇纳众流，一代文宗

在给何稚逸的信中，马一浮称其"所为《文宗》，论撰及半"。从其随信抄录给何稚逸的《文宗第目》来看，此著述有叙七篇，史八篇，图二，表五，还有论六篇，确实有规模宏大的

①《马一浮全集》第二册，第293页。

架构。可惜迄今尚未见到这部"论撰及半"的书稿，大概已经遗失。尽管马一浮一生大部分的写作计划都没有完成，但从他现存于世的著述来看，他还是在"纪羲画以降文艺之盛衰"方面下过很大功夫的。他不仅博览群书，而且记忆力惊人；不仅悟性极高，而且肯下苦功。从学于其三十多年的弟子乌以风对此知之甚深，他在《马一浮先生学赞》中说：

> 先生一生治学，不慕荣利。早年博览群籍，凡中土九流百家之学，汉宋经师之论，文史词章，小说杂记，无不涉猎，进而求其源委，明其旨归。佛释经典，义禅教理以及道教玄学亦莫不旁研兼通。别精粗，明异同，辨真伪，必使胸中洞澈然后心安。欧美哲学及文学诸书，无论新旧，先生于治学之暇，亦尝择要浏览，不为门户所宥。先生读书，重在穷理。心专虑精，思深养厚，朝夕于斯，不敢苟且。不但欲辨学术之源流，求义理之会归，而又能切身体会，见诸躬行，在伦常日用间，加以征实。故不尚知解，不重口说。岁月既久，工力纯熟，一旦胸中豁然贯通，了无余蕴，方知中西学术之流派虽繁，名相多歧，皆出于人之一心。心有迷悟，故学有得失；思有偏会，故学有大小。文字名相虽有千差万别，但在心性本源上，无不殊途

同归。[1]

作为"一代文宗"，马一浮主张"文章当根本经术"[2]。所谓"根本经术"，简言之，就是扎根于四书五经。在这一点上，他与刘勰强调"原道""征圣""宗经""正纬"是一脉相承的。在马一浮看来，"道之显者谓之文"，六经之文即是"道之显"；"文之施于用者谓之事"，"天下之事，莫非六艺之文"，故"明乎六艺之文者，斯可以应天下之事"。想要把文章写好，最好先熟读并精研四书五经。他衡量古人文章的得失，也是以扎根经术的功夫深浅为最重要的标准。《论语》云："子以四教，文、行、忠、信。"马一浮解释说："文者六艺之文，行者六艺之道，忠、信者六艺之本也。游、夏以文学称，亦以诵习六艺之文为最熟耳。"[3]马一浮认为，先秦诸子百家均由六经之学发散开来，不过各随其性情之偏而各有得失。以四书五经为标准衡量，诸子百家之文乃至后世三教九流之文，各有得失，参差不齐。他举例说：

> 汉人文字如董仲舒、刘向，非后人所及，以其经术湛深也。郑玄说经之文亦佳。韩退之文章技巧可谓到家，而

---

①乌以风：《马一浮先生学赞》，载夏宗禹编：《马一浮遗墨》，华夏出版社1991年版，第214页。

②《马一浮全集》第一册，第651页。

③《马一浮全集》第一册，第691页。

经术尚疏，骨干便缺，故《原道》一类文字说理多疏。后世如朱子之文，以技巧论，似有可省处，而说理则甚精。伊川《易传》《四书集注》文字，两汉以降鲜能及之，虽郭象注《庄》，辅嗣赞《易》，方之皆有逊色。《集注》尤字字精当，天地间之至文也。《礼记》，七十子后学所为，文章平实，为学文计，亦当熟读，但读《礼》殊不易耳。①

在马一浮看来，就阅读经、史、子、集中何类以提升文章水平而言，读后世文集不如读先秦诸子，读史不如读经。扎根经术的功夫达到一定程度，再读史书和诸子之书方能知其源流，有条不紊。否则，舍本逐末，急于求成，最终都不免败阙，逞其浅躁。他举例说："四史熟者文章必佳，韩退之得力于《史》《汉》，东坡手钞《汉书》几遍，近世如汪容甫之熟《后汉》，章太炎之熟《三国志》，皆可观于其文而知之。"②

马一浮的"汇纳众流"，是在明辨众流异同基础上的汇纳，而不是不分青红皂白的"大杂烩"。他特别强调："文章各有体制。"对于诗、词、序、跋、题、启、记、传、注、疏、铭、赞、策、论、史、志、诰、封、书信、会语、对联、集联、篆刻等几乎所有文体，他莫不识其义理，知其体制，辨其差别。例如，今人含混地将"墓志铭"视作一种文体，实则"志"和

---

① 《马一浮全集》第一册，第651页。

② 《马一浮全集》第一册，第651页。

"铭"属于两种不同的文体。1936年马一浮代熊十力写作《黄冈某君妻熊氏墓志》后，特附文致熊十力说："女子适人者当从其夫之称，未嫁者乃可称熊氏女。共祖为从兄弟，共曾祖为再从，共高祖为三从，其高祖以上无服，当称族兄弟。志题当出其婿名，冠以所著之籍。所生子名某，亦当书。志末当书葬之年月及其葬地。附记之铭可不作。盖志以纪事，铭以叹德。今以长老为卑幼作志，不必有铭。且无铭，文字更觉质实。"①以熊十力读古书的功底，尚且对这类文体不甚了然，遑论其余！

马一浮不仅谙熟各类文体，而且对其时代流变也非常熟悉。例如，在《跋宋拓欧阳询缘果道场砖塔下舍利记》中，马一浮就因为拓本之"结衔"（官阶名）中有"太子率更令"、"题名"中有撰文者和书写者姓名等信息，便判断出它是翻刻时所添加上去的。他指出，欧阳询"在隋为太常博士，入贞观初始官太子率更令。此碑书于大业九年，安得结衔如此？必系后人妄加"，"隋刻诸碑志，犹不署撰书人姓名，其出姓名者，唐刻始有之，诸鉴赏家亦未谙此例。然此固是欧书无疑，特在隋时必无题名，以此可证其为翻刻所加耳"②。类似这样精细的考据功夫，若不熟悉古代的官制、礼制和文献是很难做出的。从《马一浮全集》所收录的各类文章来看，其文几乎篇篇雅正，堪称后世此类文体的典范。这大概也是贺麟称其为"代表中国文化

---

① 《马一浮全集》第二册，第270页。

② 《马一浮全集》第二册，第103页。

的仅存的硕果"的原因之一。

汉代以来，所谓"六艺"有"大六艺"与"小六艺"之分。"大六艺"指的是《诗》《书》《礼》《乐》《易》《春秋》六经，"小六艺"指的是礼、乐、射、御、书、数六种技艺。马一浮在"大六艺"上的造诣，本书第二章已有介绍。在"小六艺"上，马一浮也是博学多能。他的诗歌成就最高，比之古代的伟大诗人不仅毫不逊色，甚至在某些方面超越了前贤；在文字学方面，他精通象形、指事、会意、形声、转注、假借"六书"，对汉字的构造及其流变也是了如指掌；在书法方面，他自幼练习欧阳询父子的楷书，以用笔老成而闻名乡里，一生遍临南北碑帖，善写各种书体，擅长篆、隶、行、草。在虞逸夫看来，其书法造诣不仅有今人"不可及"处，亦有古人未到的"孤征独到"处。①在外文与翻译方面，他不仅学习过英语、日语、德语、拉丁语、俄语等多国文字，还是"原版《资本论》传入中国的第一人"。②此外，在医理、乐理、篆刻、养生以及方技杂学等方面，马一浮亦多有涉猎研讨而且颇能应用于实际。诚如乌以风所言，"先生之学，博大精深，实非一言所能尽"③。这里简要地谈谈马一浮在诗学和书法两个方面的造诣。

---

① 参见夏宗禹编：《马一浮遗墨》，华夏出版社1991年版，第216—217页。

② 散木：《马一浮和陈寅恪谁最早读原文〈资本论〉》，载《中华读书报》2002年4月17日。

③ 乌以风：《马一浮先生学赞》，载夏宗禹编：《马一浮遗墨》，华夏出版社1991年版，第216页。

马一浮一生学问的最大成就在诗。这不光是学界众人的普遍看法，也是他颇感自信之处。"诗须老而后工。吾自视四十以前之作，近多不惬，四十以后可存者多，五十以后则几乎篇篇可存。"①马一浮还说："但使中国文字不灭，吾诗必传，可以断言。"②

马一浮的诗在其一生各学问中成就最高，首先是因为其诗的品位高。马一浮曾言："诗，第一要胸襟大，第二要魄力厚，第三要格律细，第四要神韵高，四者备，乃足名诗。古来诗人具此者亦不多。盖诗之外大有事在。无一字无来历，亦非蓄养厚，自然流出，不能到此境界，非可强为也。"③这既是他诗歌创作的理想，也是他对自身造诣的委婉肯定。他虽然很尊崇谢灵运和杜甫，但也常常当仁不让地肯定自己在某些方面超过了他们。例如，他跟弟子谈及自己创作的《避兵桐庐留别杭州诸友》时就说："老杜有此风格，无此议论，以其所见者小也……'登高望九州'二句，老杜能之。'甲兵其终偃'二句系倒装句法，老杜亦能之。'儒冠甘自弃'二句用字有谢诗意味，非老杜所能。结处二句甚有力量。通篇一字难移，可传之作也。"④谈《村舍偶成》一诗时，马一浮说："此诗大似老杜，末二句饶有

①《马一浮全集》第一册，第646页。原文"几乎"误作"几何"，今据丁敬涵编注的《马一浮诗话》所引订正。

②《马一浮全集》第一册，第641页。

③《马一浮全集》第一册，第607页。

④《马一浮全集》第一册，第628页。

精采，足见怀抱。"①谈《丁丑除夕书怀呈叶君左文》一诗时，马一浮说："此诗用经说理，义兼赋比，沈痛不减老杜，而理境过之。'嗟予德未修'两语，自六朝以来诗人未尝说及此也。"②弟子乌以风从学于马氏近三十年，对先生诸艺知之甚深，他在总结先生一生的成就时说："先生诗学最精，用力最勤，造诣最深。古体出入汉魏，五七绝宗盛唐，律诗宗老杜，而运用玄禅及经说入诗不让前人。不事雕琢，不假安排，信手拈来，已达纯熟自然，无迹可寻境界。"③对马一浮诗艺理解最深的可能要数谢无量。他是马一浮的知音与至交。他在为马一浮的《避寇集》所写序言中说，诗亡以来，寥寥千载，其间篇章，未尝无偶合于诗之义者，"然或文胜其质，或理过其味，至于鄙倍卑狭细黠淫靡之流，得其正者益寡。虽李杜犹未免俗情，况下焉者乎！"然而，马一浮却"崛起横流之中，治六艺之道于百世之下；求志岩薮，玉振南服，以其仁义熟而蓄积厚故，每敷扬芳润，含吐宫商，情寄有孚，辞诚相贯，庶几得诗人之正者欤！"④在谢无量看来，马一浮诗作超乎他人处，在其襟怀旷远、理致莹澈、词气纯正；若无高世之度、复出之智、专精之才，断难臻于此境。程千帆认为，马一浮的诗可以跟南北朝山水诗

---

① 《马一浮全集》第一册，第628页。

② 《马一浮全集》第一册，第630页。

③ 乌以风：《马一浮先生学赞》，载夏宗禹编：《马一浮遗墨》，华夏出版社1991年版，第216页。

④ 《马一浮集》第三册，第58—59页。

派鼻祖谢灵运和唐朝的诗圣杜甫相媲美。[1]马一浮的诗不仅品位高，而且数量多。他一生创作的诗、词、对联数量惊人，其中光诗就有三千多首。《马一浮全集》除去附录一共八册，诗、词、对联就占了两册，基本上占了其一生著述的百分之二十以上。

马一浮的诗以深厚的学养为底蕴，马一浮的书法亦然。他把"靡革匪因，靡故匪新"的历史辩证法运用到书法临池功夫中，遍临北碑南帖，兼取古今各家之长，苦心孤诣，造诣极高。著名书法家沙孟海说："马先生的书法，凝练高雅，不名一体。篆书，直接取法李斯。隶八分，直接取法汉碑，不参入魏晋以后笔法。真行书植根于钟王诸帖，兼用唐贤骨法。独心契近人沈乙庵先生的草法，偶然参用其翻转挑磔笔意。我们展玩马先生遗墨，再检读他《蠲戏斋题跋》，可以全面了解他对历代碑帖服习之精到，体会之深刻，见解之超卓，鉴别之审谛，今世无第二人。"[2]20世纪30年代，丰子恺就称马一浮为"中国书法界的泰斗"。丰子恺酷爱马一浮的书法，"尤其珍爱马先生随便挥写的字"，以至于马一浮废弃的字纸都被他视为珍宝。他甚至把马一浮寄给他的"信壳上的字照相缩小，制版刊印名片"。1937年11月下旬，在逃避日军途中，"桐江山明水秀，一路风景极佳"，但丰子恺却"情愿欣赏船头上的白布旗"，甚至"很想偷

---

[1]参见程千帆：《读蠲戏斋诗杂记》，载《文献》1992年第4期。

[2]朱关田选编：《沙孟海论艺》，上海书画出版社2010年版，第177—178页。

了这面白布旗去珍藏起来"，就因为"旗上'桐庐县政府封'六字，是马先生的亲笔"①。

虞逸夫《马湛翁先生书法赞》一文，论马一浮的书法艺术及其造诣可谓简明扼要，见解精到。他用四"不可及"和"孤征独到"来概括马一浮的书法造诣。四"不可及"是："童而好之，老而乐之，终生不废临池，其精进不懈不可及"；"博习多优，兼擅诸体，独超众类，其多能不可及"；"结字坚紧，而气势旁达，酣畅尽致，其体用纯备，舒卷自如不可及"；"兴之所至，心手双忘，往往笔在意先，欲罢不能，其神速不可及"。马一浮书法的"孤征独到"处，是他"能到古人欲到未到之境"。虞逸夫认为这是马一浮书法的最大成就所在，他为此论述道：

> 蔡伯喈拈出"疾涩"二字为用笔要诀，六朝人以"沈著痛快"四字为书家极则，自昔名家，每苦心知其意，而手不相应。良以进偏于疾，则点划滑利而无余蕴，肌肤之丽，不耐玩味；退住于涩，则使转胶滞而神彩不彰，徒具形质，终乏生气。先生于此，慧解天纵，真积力久，得其会通。吾见其作书，恒自笔墨相副，无欠无余。涩如施漆，骨劲神凝，疾若电拂，弥见其韵，沈著痛快，无复余憾。妙用变化于毫端，矛盾统一于划中，此固先哲之所难，而

①参见丰陈宝、丰一吟、丰元草编：《丰子恺文集》第二卷，浙江文艺出版社1990年版，第15页。

先生习为故常，出之如自然。故其书典雅肃穆，而又纵逸
有飞动之势；熟练精能，独标生新之貌。近时好言创新，
先生已导其先路，后有作者，必来取则。质之高识，当不
以吾言为河汉。[①]

迄今为止，中国现当代各类史书中几乎都没有马一浮的位
置，唯一例外的是《中国近现代书法史》。这部由中国教育学会
书法教育专业委员会编写、天津古籍出版社于2010年出版的史
书，专门为马一浮开设了一章，即"第十五章 马一浮研究"。
此外，董立军撰写、河北教育出版社于2006年出版的《中国书
法家全集·马一浮》亦专就其书法之事立说。影印出版马一浮
书法的专书则有1991年华夏出版社出版的《马一浮遗墨》、
1988年安徽美术出版社出版的《马一浮书法选》，梁平波主编
的三卷本《马一浮书法集》（浙江古籍出版社2012年版）应该
是目前为止收录马一浮书法作品最齐全的一部专集。

## 二、昭苏群惑，一代儒宗

"千年国粹，一代儒宗"，既是对马一浮学术本质的定性，
也是对马一浮学术成就的定位。学界对马一浮的主流评价也大
致不出此一范围。就综合性评价而言，贺麟和乌以风对其的评
价都是比较全面的，而且具有较大代表性和较强说服力。贺

---

① 夏宗禹编：《马一浮遗墨》，华夏出版社1991年版，第217页。

麟说：

> 马先生兼有中国正统儒者所应具有之诗教、礼教、理
> 学三种学养，可谓为代表中国文化的仅存的硕果。其格物
> 穷理，解释经典，讲学立教，一本程朱；而其返本心性，
> 祛习复性则接近陆王之守约。他尤其能卓有识度，灼见大
> 义，圆融会通，了无滞碍，随意拈取老、庄、释典以阐扬
> 儒家宗旨，不惟不陷于牵强附会，且能严格判别实理玄言，
> 不致流荡而无归宿。[1]

乌以风师从马一浮三十多年，其《马一浮先生学赞》对先
师一生的学问和教化做了提纲挈领的总结。该文最后说：

> 盖先生之学，博大精深，实非一言所能尽。扼要言之，
> 先生之学，皆由自悟，一切论说，莫不从读书穷理、躬行
> 实践中体会出来。而其平生为学得力处，在敬，在切己，
> 在无胜心私意，在不求人知而自得独厚。故发之于用，充
> 实灿烂，仰不愧于天，俯不怍于人，言满天下无口过，行
> 满天下无身患。当其穷居陋巷，独学自守，道未尝损；当
> 其公开讲学，广结人缘，道未尝加。或谓先生所讲义理之
> 学，直接孔孟，其所发明之微言精义，虽濂、洛、关、闽

---

[1] 贺麟：《当代中国哲学》，胜利出版公司1947年版，第16页。

诸贤复生不能易。自明末迄今,四百多年来,无此通儒,非过誉也。①

## 三、马一浮之学的性质、特点及其定位

关于马一浮之学的性质和类别,学者众说纷纭。对于它在中国现代学术史上的定位,学界普遍感到问题棘手,以至于郭湛波的《近五十年中国思想史》(1935年)、冯友兰的《中国现代哲学史》(1999年)、李泽厚的《中国现代思想史论》(2008年)、胡治洪的《中国哲学通史·现代卷》(2021年)都对马一浮只字未提。尽管马一浮在诗学理论和诗歌创作方面的成就卓越,但高玉主编的《中国现当代文学史》(2013年)还是对马一浮只字未提。如果系统全面地理解研究马一浮之学的性质,对他在中国现代学术史上的这种尴尬地位或许就不会感到奇怪。因为无论是价值取向、研究方法还是表达方式,马一浮都是明确拒斥"现代"的。他自觉恪守的是程朱理学,并说过:"儒家之言,至二程而极其醇,至晦庵而极其密,此百世之师也。学道不师程朱,是谓出不由户。"②所以他主持复性书院时就明确规定"经术则祖述洛闽"③。熊十力谓其"谨守程朱,颂其精

①夏宗禹编:《马一浮遗墨》,华夏出版社1991年版,第216页。
②《马一浮全集》第二册,第367页。
③《马一浮集》第二册,第985页。

华，亦吸其糟粕"①，诚为中肯之评。

学界有相当多的学者看到马一浮特别强调"心"，便以为他是"调和程朱、陆王，而以陆王为归宿"②。例如，徐复观就说："马一浮宏博似朱子，而朱子用心危苦，马一浮则意境圆融；至其学问归宿，则近阳明而不近朱子。"由于徐复观当时读到的只是《泰和宜山会语》《复性书院讲录》和《尔雅台答问》等著述，不免"听其言而信其行"了。事实上，他所看到的马一浮的"意境圆融"只是文字营造出来的意境，实际生活中的马一浮同朱子一样"用心危苦"。又如，龚鹏程说："其身心性命之学，譬如为道，损之又损，收摄于六艺，六艺又收摄于一心。不懂的人，每誉先生浩博……不知马先生乃由博返约之学，不骛外求，其理学即是心学。"以老子"为道日损"喻指马一浮的"六艺该摄于一心"，是敏锐而深刻的；但谓"其理学即是心学"，却又不免轻率。马一浮反复声明他学宗程朱，且对心学多有批评，反对调和朱陆。他说："若欲示学者宗归，则百温与濂溪殊涂；陆王与程朱异撰。并资讲明固学者所有事，若合为一冶比而同之，则非笃论矣。"③事实上，陆王心学的"心"，是当下"学而不厌，诲人不倦""泛应曲当"的活泼泼的心；而马一浮"六艺该摄于一心"的"心"则更多的是抽象的理学"名相"，已非陆王所谓之心。他批评"阳明'心即理'说得太快，

---

① 熊十力：《熊十力全集》第八卷，第498页。

② 刘又铭：《马浮研究》，台湾政治大学1984年硕士学位论文。

③ 《马一浮全集》第二册，第369页。

末流之弊便至误认人欲为天理。心统性情、合理气，言具理则可，言即理则不可"①云云，表明他同谢无量一样并未真正理解陆王的"心即理"命题。②"心即理"是陆王心学的三大核心命题之一，不解"心即理"也就不可能真正理解陆王心学。从这个意义上说，将马一浮之学归为心学，既不合于事实，也不合于义理。实际上，马一浮所讲的"心外无物""心外无事""心外无理"之"心"都是被他理学化、空心化了的"心"，与陆王所说的"心"不是一回事。马一浮之"心"早已落入老子所说的"无为而无不为"了。在他看来，学，讲或不讲"于理无所加损"；书，写或不写"于理无所加损"；复性书院，办或不办"于理无所加损"；乃至天地间有无他马一浮亦"于理无所加损"。他做事半途而废，许多计划写的书最终不了了之，在某种意义上说，都是被他拘执的这个"心"给误导和耽搁了。

至于把马一浮的理学归入中国哲学，就更是强人从己的"拉郎配"，完全不顾他反复拒斥哲学的声明。他说："哲学译自泰西，意云爱智，爱智即是执见，执见即是法执，应在破除之列。"③在马一浮看来，"中土圣哲皆以宇宙为性分内事，象者象此，爻者效此，非谓心外别有乾坤，与时人所持西方哲学研究方法大异"④。他甚至把科学和哲学都归于杂学，称："今时

---

①《马一浮全集》第一册，第475页。

②参见《梁漱溟全集》第四卷，第707—725页。

③《马一浮全集》第一册，第573页。

④《马一浮集》第一册，第523页。

科学哲学之方法，大致由于经验推想、观察事相而加以分析，虽其浅深广狭所就各有短长，其同为比量而知则一。或因苦思力索如鼷鼠之食郊牛，或则影响揣摩如猿狙之求水月。其较胜者，理论组织饶有思致可观，然力假安排，不由自得，以视中土圣人'始条理'、'终条理'之事，虽霄壤未足以为喻。盖类族辨物必资于玄悟，穷神知化乃根于圣证，非可以袭而取之也。"①他还说："时人所标真理，只是心外有物，自生计较，是以求真反妄。科学家可以语小，难与入微。哲学家可与析名，难与见性。"②所以他告诫弟子们要"将此等哲学思想暂时屏却，专读中土圣贤经籍及濂、洛、关、闽诸儒遗书，不可着一毫成见，虚心涵泳，先将文义理会明白，着实真下一番涵养工夫，认得自己心性义理端的，然后不被此杂学惑乱，方可得其条理"③。

综上所述，不难看出马一浮之学是不折不扣的理学。他虽然论及了一些现代西学的名词术语，运用了所谓佛家的"义学"，但对西学是根本拒斥的，对佛学也只是吸取了其辨名析理的方法，向外取法最终还是服务于理学的。他的理学已经彻底剥离了时间、空间和人际关系的具体性，完全造就了一个纯而又纯的"理法界"。对程朱理学的拘执，使得时间在他这里完全被取消了，只有纯粹性理的交参互入，无所谓新与旧，以至于

①《马一浮全集》第一册，第418页。
②《马一浮集》第二册，第525页。
③《马一浮集》第一册，第528页。

他连"新儒家"都算不上，更不用说"现代新儒家"了。"现代新儒家"之"新"，从内容上说，主要"新"在对鸦片战争以来西方文明的回应上；从旨归上说，主要"新"在对现代化的诉求上；从形式上说，主要"新"在运用西学的理论框架和言说方式；从研究方法上说，主要"新"在科学和哲学的方法论上。马一浮在这些方面明显与"新儒家"不同。其学最显著的特点，在其浓厚的文化保守主义色彩，以及岿然不动、一以贯之的道德主体性与海纳百川、博而不杂的会通性。[1]

---

[1]参见邓新文：《马一浮之学及其定位问题》，载《学术界》2006年第4期。

对马一浮其人其学的评价向来众说纷纭，可谓褒贬不一，平心而论，各有所见，也各有所偏。"在人格上动机上不轻于怀疑人家；在知识见解上不过于相信自己。"[1]这是梁漱溟先生于1946年第二次到延安在欢迎会上所讲的两句话。笔者深为赞同，奉为进行学术交流和事业合作的箴言。本节的阐述将本此精神，对这些褒贬不一的评价作公允之考察，尽可能地取其合理之见，而祛其过情之偏。

## 一、学界对马一浮的褒扬

本节首先介绍同为"现代儒家三圣"的熊十力和梁漱溟对马一浮的评价。三人中，马一浮年龄最长，成名也最早。熊十力、梁漱溟初识于北京广济寺是在1919年的暑假期间。[2]熊十

---

① 《梁漱溟全集》第七卷，第46页。

② 参见刘梦溪：《熊十力与马一浮》，载《浙江学刊》2004年第3期。

力初识马一浮于西湖广化寺是在1929年。①梁漱溟初见马一浮是在1933年8月4日。②1933年,梁漱溟、熊十力各自带着弟子来杭州拜访马一浮,大家欢聚论学,并在灵隐寺前合影留念,人称当代三大儒的"鹅湖之会"。③

1931年10月马一浮为熊十力的《新唯识论》所作的序文完成后,熊十力回信说:"'乾道变化,各正性命',吾全部只是发明此旨。兄拈此作骨子以序此书,再无第二人能序得。"④熊在给唐君毅的信中说:"马一浮《新论序》曰:'穷变化之道者,其唯尽性之功乎。'此意千载几人会得。"⑤熊亦曾对李笑春说:"判断书之有无价值及价值之大小,乃是一件很不容易的事。你不对于某种学问精深研讨,确有所得,而遽欲判断其好坏,这是绝对不可能的。试问当代所谓名人学者有几个有判断能力?勉强言之,只有梁漱溟先生还有一部分学问,够得上判断……马一浮先生能判断的方面则比较多点,三礼是他的绝学,有如欧阳先生之于唯识法相,于宋、明儒周、程、张、朱、陆、王诸大家皆精,较梁先生只于阳明及明道有独得处犹过之,于

---

① 参见丁敬涵:《马一浮艺术诗文年表》,载浙江省文史研究馆编:《马一浮书法集》第三卷,浙江古籍出版社2012年版,第297页。

② 《梁漱溟全集》第八卷,第393页。《马一浮全集》记此事为1932年之事,笔者认为当以梁漱溟的日记为准。

③ 参见浙江省文史研究馆编:《马一浮书法集》第三卷,浙江古籍出版社2012年版,第297页。

④ 参见《熊十力全集》第八卷,第388页。

⑤ 参见《熊十力全集》第八卷,第144页。

禅家亦精，般若、华严以及晚周诸子皆不差。"[1]1935年春，熊十力在天津《大公报》上发表的《为哲学年会进一言》写道："问有究心义理者乎？此事殆疑绝迹，独有绍兴马一浮氏者，沉潜周孔六艺之场，贯穿华梵百家之奥，践履敦实，义解圆融，庶几扶持坠绪。然独行无侣，孤调寡和，斯学向后无人问津，盖可知已。"[2]他还在给张申府的信中说："若乃践履纯实，理解圆澈，则马一浮湛翁一人而已。"[3]虽然在办复性书院时两人有意见分歧且熊十力最后拂袖而去，但熊十力还是在其《读经示要》中，针对学界评马一浮六艺统摄论"无有义据"的议论，力挺马一浮"所见甚是"[4]。新中国成立后，他还利用人脉关系和影响力帮助马一浮。熊十力的《论六经》是他于1951年写给董必武、林伯渠、郭沫若的一封长函之扩充，亦是他对中华人民共和国政府的文化建言。在这一长篇建言的末尾，熊十力还呼吁政府资助马一浮的智林图书馆，其文感人至深，足见其朋友相爱之道。他说：

> 一浮究玄义之殊趣，综禅理之要会，其学行久为世所共仰。抗日时，曾在川主持复性书院，不许某党干涉教学，而院费卒无着，当世知其事者不少，尚可查询。一浮以私

---

① 《熊十力全集》第八卷，第390页。

② 《熊十力全集》第二卷，第299页。

③ 《熊十力全集》第八卷，第78页。

④ 《熊十力全集》第三卷，第749页。

人募资，选刻古书，皆有精意卓裁，于学术界大有贡献。后改立智林图书馆，绝无经费。清季以来，各书局翻印古籍，甚多错误，保存木刻，不失古代遗法，似亦切要，拟请政务院函杭州省府、市府酌予资助其刻书事业，并得聚讲友及生徒数名，存旧学一缕之延。①

2005年版的《梁漱溟全集》有22处提及马一浮。马性偏幽独，梁颇能得众；马义理精纯，梁践履笃实。两人虽然直接交往不多，但彼此相知，心照不宣。马称赞梁"形劳天下，比于禹墨"②，梁称赞马"千年国粹，一代儒宗"。梁对马的学问深感敬佩，晚年还时常温习马的著述并做摘录或按语。如1953年1月21日梁氏日记载："原思□□马一浮各书，竟不可得。"③5月10日的日记又载："阅马氏书，有摘记。"④《勉仁斋读书录》有"重读马一浮《濠上杂著》，摘取一些，略加按语，以志敬佩"的记载。⑤1978年12月28日，梁漱溟在写给云颂天的信中说："马先生书札我曾于暑期中从刘公纯手存者得读之，深受教

---

① 《熊十力全集》第五卷，第774—775页。

② 《马一浮全集》第二册，第649页。

③ 《梁漱溟全集》第八卷，第473页。据《勉仁斋读书录》，日记原文不能辨识的"□□"两字大概为"重读"。

④ 《梁漱溟全集》第八卷，第487页。

⑤ 参见《重读马一浮〈濠上杂著〉》（《梁漱溟全集》第七卷，第847页）和《致田慕周》（《梁漱溟全集》第八卷，第206—207页）。

益。其中有不少写给颂天者，皆可宝，曾承公纯抄录给我。但惜缺少一篇最长亦我所最钦重的，未及抄取，而公纯今既南归杭州，计弟手必保存有之，烦弟抄写赐我，或托人抄写，或弟慢慢抄之，不计时日。专此奉托。"①梁漱溟阅读马一浮著述的态度之恭敬、认真，由此可见一斑。

弘一法师曾对丰子恺说："马先生是生而知之的。假定有一个人，生出来就读书；而且每天读两本（他用食指和拇指略示书之厚薄），而且读了就会背诵，读到马先生的年纪，所读的还不及马先生之多。"②生而知之者，在儒家看来，通常都是指有圣人之资的"上上根人"，孔子也只承认自己是学而知之者，不敢自居为生而知之者。弘一法师对丰子恺讲这话时，身份还是浙江两级师范学校的年轻教师李叔同，这话只能算是艺术家的感情表达，体现了李叔同对马一浮的信心，还不能算是谛实的评价。丰子恺最初将信将疑，后来接触马一浮多了，耳闻目睹马一浮"弥高弥坚，忽前忽后，而亦庄亦谐的谈论"后就彻底服膺了。他说："无论什么问题，关于世间或出世间的，马先生都有最高远最源本的见解。他引证古人的话，无论什么书，都能背诵出原文来。"马一浮在读书上的天资，让丰子恺确信"古人所谓'过目成诵'，是确有其事的""古人所谓'一目十行'，也是确有其事的"。他说："马先生所能背的书，有的我连书名

①《梁漱溟全集》第八卷，第128页。

②参见丰子恺：《缘缘堂随笔》，人民文学出版社2000年版，第180页。

都没有听见过！所以我在桐庐负暄中听了不少的高论。但不能又不敢在这里赞一词。只是有一天，他对我谈艺术。我听了之后，似乎看见托尔斯泰、卢那卡尔斯基等一齐退避三舍。"①他甚至干脆把马一浮视为"当代的孔夫子"。

这类对马一浮的赞誉属于文学家、艺术家的记述，可作为参考，却不能作为严谨的人物评价。比如，丰子恺在《桐庐负暄》中把马一浮比作孔夫子，把他门下的王星贤和张立民分别比作颜子和曾子②；在《陋巷》里又把马一浮想象为"今世的颜回"③。这些比拟作为文艺家的修辞当然无可厚非，但作为严谨的学术评价就不免比喻失当、溢美太过。

叶圣陶在《嘉沪通信》中谈到马一浮时说："闻其人光风霁月，令人钦敬，则他日得追陪杖履，亦一幸也。"1939年在乐山见过马一浮之后，他在给友人的信中说："其人爽直可亲，言道学而无道学气，风格与一般所谓文人学者不同，至足钦敬。"④钱穆在《师友杂忆》中说："（马）一浮衣冠整肃，望之俨然。而言谈间，则名士风流，有六朝人气息。（熊）十力则起居无尺度，言谈无绳检。一饮一膳，亦惟己所嗜以独进为快。同席感不适亦不顾。然言谈议论，则必以圣贤为归。就其成就论，一浮擅书法，能诗，十力绝不近此。十力晚年论儒，论六

---

① 丰子恺：《缘缘堂随笔》，人民文学出版社2000年版，第189页。
② 参见丰子恺：《缘缘堂随笔》，人民文学出版社2000年版，第239页。
③ 丰子恺：《缘缘堂随笔》，万卷出版公司2022年版，第79页。
④《马一浮全集》第六册，第352页。

经，纵恣其意之所至。一浮视之，转为拘谨矣。"①这类文学性的描述，虽然也不是严谨的人物评判，但尚可作为评价马一浮的参考。

贺麟说："复性学院主讲马一浮（1883—1967）先生，本系隐居西子湖畔的一位高士，也是我国当今第一流的诗人。自倭寇内侵，离开杭州后，方有意发布其学术思维以绍国人。初在国立浙江大学讲学，有《泰和会语》及《宜山会语》刊布。既主讲四川乐山复性书院，前后刊印有《复性书院讲录》九种。真可算得'综贯经术，讲明义理'老而弥笃了。马先生兼有中国正统儒者所应具有之诗教、礼教、理学三种学养，可谓为代表中国文化的仅存的硕果。"②台湾大学教授戴君仁说："中国历史上大学者，阳明之后，当推马先生，故谓之当代朱子可也。"③徐复观认为，马一浮的《尔雅台答问》"可上比朱元晦、陆象山诸大儒而毫无愧色"，《复性书院讲录》"则系镕铸六经，炉锤百代，以直显孔孟真精神的大著"。他说：（马先生）"都是扣紧中国文化精神纯真的本质及全相以立论，把中国文化精神从历史的夹杂与拘限中超脱出来，因而使读者能与其本来应有的面目照面。所以他所说的每字每句，皆有其真切不移的意义。读者若能虚心体玩、深资自得，再由此而读古人典籍，便有明镜在心、左右逢源之乐。此时更可将许多捕风捉影、恫钉

---

① 《熊十力全集》附卷（下），第1267—1268页。

② 贺麟：《五十年来的中国哲学》，上海人民出版社2012年版，第28页。

③ 李维武编：《徐复观文集》第二卷，湖北人民出版社2002年版，第358页。

悍蔽之言，一举扫尽，岂非天下一大快事。"他还说："凡是看到马一浮所写的字、所作的诗的人，只要稍有这一方面的修养，便不难承认它是当代第一流乃至是第一人的手笔。"其盛赞"马先生义理精纯"。①贺麟、戴君仁、徐复观三人都是接触过马一浮本人并读过马一浮著述的学者，他们的说法虽然不尽相同，但都是比较严谨的人物评价，值得认真参考。

刘梦溪说："上一个世纪大师级的人物中，眼光最锐利的一个人是马一浮。梁（漱溟）、熊（十力）、马（一浮）一向被称作新儒家的'三圣'，但马的学养之深和慧悟之高，在20世纪百年中国的学苑里似少有与之相匹敌之人……马之学，在德畜之厚，在超越与会通。他出入二氏，通晓六经。'六艺可以赅摄诸学'是他的一贯主张，'儒佛等是闲名'是他的座右铭。而其人格之特点，则超凡脱俗、高蹈独善，可谓神仙一流人品，是20世纪师儒中的一个真正的隐者。"②刘先生的说法有其个人偏好和思想倾向，可以参考，也值得商榷。

以上所举只是学界褒扬马一浮其人其学的几位代表，而且都是总体性评价，关于马一浮某个方面（如博闻强识、诗词才华、书法艺术、文章体制、学说创见）的褒扬就更是举不胜举。这些褒扬见仁见智，大多有其深切的感发，但也不无溢美之嫌。如称马一浮为"当代的孔夫子"、现代儒家圣人，就不免褒扬太

---

① 参见李维武编：《徐复观文集》第二卷，第357—360页。

② 刘梦溪：《中国现代学术要略》，生活·读书·新知三联书店2008年版，第99—100页。

过。如果以马一浮所说的"唯圣人能知圣人"角度看，笔者相信不仅马一浮的在天之灵会内心不安，这样过奖他的人恐怕也会汗颜。

## 二、学界对马一浮的批评

学界也有一些学者对马一浮的道德学问评价不高、颇有微词甚至有所否定的。据笔者所掌握的资料，最早批评马一浮的可能要数他的岳父汤寿潜。不过，这更多是对后辈的提点警醒。1903 年在给马一浮的书信中，汤氏批评马氏耽溺佛学、荒疏经世，说："足下以妙年覃思释典，固是夙慧，然《华严》《楞严》终非经世急务。方今四海困穷，正需通达治体者究心实学，若终日谈空说有，恐蹈魏晋清谈覆辙。"[①]1910 年，在《示女儿汤孝愍家训》中，汤氏还敦促女儿规诫其夫说："尔夫湛若（马一浮字）闭户注经，固是雅事，然士人当有经世之志。昔亭林先生游历天下，梨洲先生组义兵抗清，岂可终身局促书斋作自了汉？"从《一佛之北米居留记》来看，汤氏对马一浮的批评因为不合他的兴趣，都被他以"不合论理"之类的话一笔带过。汤氏"任性好弄"一句可谓一针见血地指出了马一浮性格中最根深蒂固的积习。汤寿潜对马一浮的这两点批评，堪称后世所有对马一浮的批评之母。如挚友谢无量批评马一浮的学术取向

---

[①]汤寿潜：《致马浮书》手稿，藏浙江图书馆《汤寿潜档案》卷21，第7页。此信全文又收录于《汤寿潜年谱长编》，编者谓此为汤氏规劝女婿马一浮之重要文献。

有"空谈心性"之虞，就与汤氏批评他"终日谈空说有，恐蹈魏晋清谈覆辙"一脉相承。谢氏在复性书院筹备会议上曾委婉指出，"湛翁主'六艺统摄'之说，诚为卓见。然当今学子亟需通方之识，若课程设置过重玄理，恐蹈宋明书院'空谈心性'之弊"。

熊十力性情坦直，对马一浮为学之道等有所评点。但由于熊氏给马氏的书信只有两封保存下来，只能从《马一浮全集》中所收马氏写给熊氏的众多信件中梳理出熊氏对他的评点。综合来看，主要有六个方面：一是在本体论建构方面，"体用观"割裂本体与发用，陷入"执体废用"的困境；二是在经学阐释的方法论方面，"株守章句而自矜博雅"，解经拘泥故训，缺乏现代转化意识；三是在援佛证儒方面，"止于文艺禅悦，未窥唯识堂奥"；四是在工夫实践方面，批评马氏"主静主敬之病，在滞寂而难启生生之几"，"犹饮鸩止渴，不悟其害"；五是在文化策略方面，其刻书事业是回避中国当时的社会现实问题，讥其"终日刊故纸、谈性天者，犹如造七宝楼台而不施础基，虽眩目终必倾圮"；六是在人格气象方面，怀"遗民心态"并疏离现世，喻之"如《红楼》妙玉，雪里红梅，美则美矣，终是槛外之人"。熊氏之评点不免有过激之处，但总体上仍是就儒学等展开的学者论争，这也几乎代表了学界对于马氏的全部批评。

从马一浮给熊十力的这些书信中，也可看到马氏的辩驳。其辩驳之长在辨名析理的精湛圆融，短在离事言理。熊在为人处世上批评他，他却从纯粹性理上予以反驳。例如，熊十力劝他"不须捭讳"，他却辩驳说："弟谓直是捭讳不得，不容著'不须'字。'潜虽伏矣，亦孔之昭'，岂有捭讳处？古德云：'遍界不曾藏。'此语尤显。兄此语不如象山答学者云：'公以为天地间有一陆子静、朱元晦，是否道理便增得些子不成？少得二人，天地间道理便减些？'"①又如，熊敦请他"须作一番牺牲自己功夫"，他却辩解说："弟谓著'牺牲'字不得。以成己成物本是一事，成物即是成己，何云牺牲？若云牺牲，是损己以成物，物我间隔，成义亦不成矣。兄勿谓此乃用通行语。文字小疵，实害根本义，似不得放过。"②一番说理，头头是道。从这些书信来看，熊几乎都是就事论事，而马则一味论理；熊在待人接物上指陈马的不足，马就在"本体"的螺蛳壳里做道场；熊就"因地"功夫批评马，马却跳到"果地"上"四两拨千斤"。"文字小疵，实害根本义"，可以说是马一浮反驳所有批评的撒手锏。毕竟辨名析理和文字表达是他的强项，而为人处世却是他的弱项。一到书面辩论，他总能以弱胜强，让对手哑口无言。在《论老子流失》一文中马一浮批评老子说："他总与你反一调，到临了你总得走上他的路。因为你若认定一条路走，他便知你决定走不通，故他取的路与你自别。他亦不作主张，只因你要东，他便西，及至你要西时，他又东了。他总比你高一着，你不能出他掌心。其为术之巧妙如此。"③人们强烈

①《马一浮全集》第二册，第468页。
②《马一浮全集》第二册，第468页。
③《马一浮全集》第一册，第38页。

— 180 —

批判的常常是内心深处的另一个自我，马一浮对老子的批判可能也不例外。

梁漱溟对马一浮的评点十分中肯。其主要集中在以下几个方面。一是评其文化精英主义。他说："所谓'性理之学'若止于书斋清谈，实乃士大夫之精神奢侈。当此民族存亡之际，学者当以知识化大众为己任，而非筑象牙之塔。"二是评其教育理念与社会实践的脱节。他说："学问贵在能淑世，若止于讲论典籍、校勘文字，虽精微亦属无用。近见有书院以复兴性理为帜，终日谈敬说静，于民瘼时艰一无裨益，此真所谓'空中楼阁'者也。"①三是评其学术方法的保守性。1943年7月，在致熊十力的书信中说："与马先生谈，总觉其学问如千年古柏，虽苍劲可观，然终不萌新枝。"②梁漱溟对马一浮的批评反映了新儒家内部"实践派"与"经院派"的思想张力，其价值在于揭示儒学现代化转型的多维可能。

叶圣陶对马一浮的评点，既有"旁观者清"的一面，也有"事不关己"而随声附和的一面。他的评点主要散见于其抗战时期的私人日记和书信，虽未直接公开发表意见，但通过日常交往的记录，可窥见其对马氏教育模式及其为人治学的保留态度。他对马一浮的保留态度主要集中在三个方面。一是不认可其知识精英态度。他于1939年8月19日致朱自清的信中写道："湛

①梁漱溟：《乡村建设理论》，上海人民出版社2006年版，第178页。
②梁培宽编：《梁漱溟书信集》，中国文史出版社1996年版，第294页。

翁之学，高则高矣，然总似云端观火，与世间疾苦隔膜太甚。彼所谓'复性'，在今日中国恐成奢侈品。"他还批评马一浮对程朱理学的"拘执"，认为马一浮的"六艺该摄中外一切学术"的思想是"自大之病"。①二是质疑其教育理念的实践性。他说："马先生讲学似太偏重玄理，于青年实际生活所需者甚少涉及。"②三是对其书院前景的悲观。他在1940年2月12日的日记中写道："至复性书院访马先生，问及书院经费事，答曰'随时筹措而已'。观其生徒不足三十，而章程繁杂如官府，恐非持久之道。"③

现代新儒家的第二代代表人物牟宗三对马一浮的评点主要集中在三个方面。一是在学术定位与总体评价上，牟氏肯定马一浮的经学造诣与书院教育实践，但认为其学术贡献主要在传统经学的整理与传播，"守成有余，开新不足"，未能在哲学体系的创新建构层面达到熊十力的高度。他说："马浮先生为当代儒林之耆宿，然其毕生精力唯在经籍之校理与书院之讲习……于哲学系统之开辟，终未达乎熊十力先生之创辟规模。"④他还说："马先生谈儒学以'六艺'统摄一切，然此统摄乃文献学之

①参见叶圣陶：《嘉沪通信》，载《收获》1983年第1期。

②叶至善、叶至美、叶至诚编：《叶圣陶集》第十九卷，江苏教育出版社1994年版，第176页。

③叶至善、叶至美、叶至诚编：《叶圣陶集》第十九卷，江苏教育出版社1994年版，第214页。

④牟宗三：《心体与性体》，正中书局1968年版，第5页。

统摄，非哲学系统之统摄。统摄之广博固可赞，然义理分际之厘清则未能。"①二是在工夫论上，牟氏认为马一浮过于拘泥程朱理学的"主敬"传统，虽在修养实践层面形成严谨体系，却未能充分展现心学传统中"本体即活动"的创生性维度。他说："宋明儒之主敬、涵养，至马湛翁处已成一套严整之操持仪轨，然于本体之创生义终欠活泼泼地之开显。"②三是在救世悲心上，牟氏认为马一浮悲愿不强。他说："马一浮只能作文章，作高人雅士，不能讲学问。他文化意识并不如熊先生强，他自己也承认悲愿不够。文化意识不足不能讲学，悲愿不够也不能讲学。所以他的架子摆得很大，他说现在一般人都不足以教。若要教，也'只闻来学，未闻往教'，要人去他那里请教才行。"③牟宗三批评马一浮"不能讲学问"，是因为他所热衷的"学问"正是马一浮所极力排斥的追求"客观知识""理智思辨"的"一往之论"，而马一浮所追求的却是"穷理尽性以至于命"的学问。在这一点上，他对马一浮的批评基本上属于庄子所谓"是其所是，非其所非"，只算不怎么客观的一家之言。但他对马一浮"悲愿不够"和"架子摆得很大"的看法却是切中肯綮的，与其师熊十力可谓一脉相承。

邵祖平作为马一浮的学生，被复性书院开除，故对马一浮多有不满。在人品上，其认为马一浮"好夸、矫情""无学者态

①牟宗三：《中国哲学十九讲》，学生书局1983年版，第327页。
②牟宗三：《从陆象山到刘蕺山》，学生书局1979年版，第215页。
③参见牟宗三《康德第三批判演讲录》讲课录音整理稿。

度，不肯奖饰人长"。在解经方法上，其认为马一浮援佛解儒不妥。他说："近世有号通儒者，每以禅门话头解圣贤书，诗家吟咏亦强作形上解。夫诗在感发志气，岂必句句求微言大义耶？"在诗学上，批评马一浮"弊在将鲜活诗情，尽化作道德符号"，是"方虚谷《瀛奎律髓》之陋"。这些批评不免带有个人恩怨与意气之偏，但仍值得一谈，以"兼听则明"。

当代学者中，对马一浮其人其学最反感、批评最辛辣的可能要数朱维铮。他对马一浮的批评主要集中在四个方面。一是指控马一浮"好自命'大师'，尤热衷充当蒋介石的'帝师'"。他甚至认为熊十力之所以愤然离开复性书院，是因为"马氏最忌熊氏可能染指他的帝师地位"。二是否认马一浮六艺论的学术创造。他认为，称六经为"六艺""是新莽国师刘歆的发明"，"称六经皆孔子所作，在清末已有皮锡瑞强调"，称六经是"一切学术之源""无非是清朝列帝御用理学家所谓'道统''学统'腐论的新版"，称"西来学术亦统于六艺"，"也由晚清所谓格致古微派的'西学中源'论发其端"。他认为马一浮的"《复性书院讲录》《尔雅台答问》等，内中充满用道学术语包装的迂见，其蓝本多袭自李光地"。三是批评马一浮主持的复性书院是"蒋介石独裁权力干预教育的直接产物"。他甚至认为，马一浮最初提出的"三个先决条件"最高当局之所以都能接受，是因为"这其实很合蒋介石们树立活着的儒宗以压制民主吁求的隐衷"。他认为，贺昌群辞去浙江大学教职追随马一浮到复性书院，出任书院副职三个月就断然辞职，是因为马一浮的"拘执"与"专断"。四是对马一浮的人品极不信任。他讥讽马一浮"其人深明世故","其学顽强固执"。在他看来,马一浮"决非什么思想家,甚至称不上有思想的学问家,至多示人以一个迂执己见的道学信徒,一个与时俱变的政治庸人,一个倏起倏落的文庙'刍狗'"。在朱维铮的心目中,马一浮俨然成了一个冷酷无情、趋炎附势、恋权爱财的"伪君子"。他说,贺昌群与马一浮分开后仍居乐山,靠教育部每月补贴一百二十元维持一家七口的生计,而"力邀他来乐山的马一浮,却对贺昌群离开复性书院筹备处以后的境况不闻不问",反倒是叶圣陶、刘永济几位朋友还与贺昌群相濡以沫。他由此质问道:"这或许可算刘梦溪先生盛赞的马一浮'高蹈独善'的一种表现吧?但至少令人怀疑这位'可谓神仙一流人物',自己安享蒋委员长、孔行政院长由国库拨给的万千巨款,却为何不管仍食人间烟火的故友或旧僚度日维艰?"朱维铮最后说:"我同意一九五八年马一浮《自题墓辞》的自我估计,即其学非纯儒,其道仅幻想,其生不为人知,可谓未盖棺而论定。"[1]

尽管朱维铮对马一浮的批判有很多不明原委的粗疏和先入为主的愤激,但并非全是无的放矢。比如,他对马一浮想做"帝师"的指控就并非空穴来风。事实上,在马一浮看来,想做"帝王师"不仅不是什么反动的思想,反而是儒者的本分。他在

---

[1] 参见朱维铮:《马一浮在一九三九——叶圣陶所见复性书院创业史》,载吴光主编:《马一浮思想新探——纪念马一浮先生诞辰125周年暨国际学术研讨会论文集》,上海古籍出版社2010年版,第462—478页。

给弟子张立民的信中谈及复性书院的意义时就明确地说："欲造就学者使个个可以为王者师，方是儒者本分。如此设立书院，方有意义。"①在复性书院讲《孔子闲居释义》时，他又公开地说："观孔门问答，当思七十子之徒所学为何事。如子夏者，虽未及颜、曾位邻于圣，而其学则足以知圣，亦可以为王者师矣。"②这话未尝不是他对自己"亦可以为王者师"的公开表白。他还特别惋惜诸葛亮没能立志成为帝王师，并以此劝勉弟子袁心粲立志。他说："诸葛武侯气质美矣，而自比管、乐，吾尝惜之。其后只能成就得一个法家。若以彼之资，能志伊尹之所志，学颜子之所学，合下规模不同小小，乃真可为王者师，恨其自安于管乐也。"③马一浮号召学生立志做"王者师"，自己怎能无此志？他说自己"不欲以言自显"，"不欲以文自显"，这话其实是半真半假的。说它半真，是因为他确实志不在此，而在"志伊尹之所志"，即为"王者师"；说它半假，是因为他一生酷爱诗文近乎痴迷，既是为了消遣，也是为了"身后名"。笔者之所以要用"消遣"这个词，正是想表达马一浮不得其志的心情。他于1938年冬从广西到乐山，途经重庆时，曾经应邀见过蒋介石，但这次见面却让他大失所望。任继愈的一段回忆可以为证。他回忆说：

①《马一浮全集》第二册，第800页。

②《马一浮全集》第一册，第226页。

③《马一浮全集》第二册，第848页。

马先生在重庆时，蒋介石约他见面，谈过一次话。我问马先生，见蒋时谈得如何？马先生说，他劝蒋"虚以接人，诚以成务，以国家复兴为怀，以生民忧乐为念……"像这样文词典丽的骈偶句有一二十句，当时我也记不全。我又问马先生对蒋介石这个人的印象如何？在他身上看得出一些中兴气象？马先生沉思了一两分钟，说："此人英武过人，而器宇偏狭，乏博大气象。举止庄重，杂有矫揉，乃偏霸之才，偏安有余，中兴不足。方之古人，属刘裕、陈霸先一流人物。""偏霸之才"四个字连说了两遍，故印象颇深。在座的熊十力先生接着说，此人心术不正。马先生笑笑，没有和熊十力先生争辩。事后我问贺麟先生，马先生对蒋介石的评论，您以为如何？贺先生说，这是马先生的看法，他有他的依据。贺先生又说，马先生学者气太重，对蒋说的那些话，一则蒋听不懂（文言词句），二则听不进，讲"虚"，讲"诚"，怕是格格不入。[1]

从任继愈所记对话中，不难看出马氏与蒋氏"道不同不相为谋"的一面，却很难看出马氏"为道而远人"的另一面。初见蒋氏，就用"文词典丽的骈偶句"讲些"蒋听不懂""听不进"的话，不仅缺少契合当机的智慧，而且缺乏梁漱溟那样

---

[1]任继愈：《念旧企新——任继愈自述》，山西人民出版社1997年版，第131—132页。

"未曾开腔先照顾到对方，为他设想"的仁厚，甚至不无自炫才学的好胜心与沽名钓誉的私欲。"学力""文雅"固然是马一浮之长，但自恃"学力"、执著"文雅"又未尝不是其短。贺麟的评价不仅有对马氏错失良机的惋惜，也有比较含蓄的批评。需要指出的是，马一浮所谓"王者师"与朱维铮所谓"帝王师"不是一回事：一则就德学而言，一则就政治权力而言。但马一浮说"如子夏者，虽未及颜、曾位邻于圣，而其学则足以知圣，亦可以为王者师"①，此处之"王者师"就与朱维铮所说的"帝王师"相差不远了。

---

① 《马一浮全集》第一册，第226页。

## 第三节 『认识不真，抓得不紧』的克己功夫

孔子云："好学近乎知，力行近乎仁，知耻近乎勇。"综观马一浮的一生，其为人为学可谓"好学近乎知"，但在"力行近乎仁，知耻近乎勇"上则明显有所未逮。关于马一浮其人其学，熊十力谓之"谨守程朱，颂其精华，亦吸其糟粕"，可谓一语判尽。伍庸伯和梁漱溟对朱熹"勤于学问，泛滥百家，务广而荒，又主观太强"[①]因而在"古儒家用功的路线（修身为本）上认识不真，抓得不紧"[②]等问题提出了十分中肯的批评。在笔者看来，朱子的这些问题，"学宗程朱"的马一浮都有过之而无不及。

### 一、孔子之真精神与儒学之真学脉

诚如梁漱溟先生所说，"中国数千年来，表面上固是儒家的

---

① 《梁漱溟全集》第七卷，第505页。

② 《梁漱溟全集》第四卷，第107页。

教训占最大的势力；可是社会风尚的骨子里，'黄老无为'的气习，实大过于儒家"①。马一浮身上"黄老无为"的习气就很重。表面上看，他学宗程朱，在浙江大学和复性书院均推崇儒家而批判道家，但他的个人气质和学问方法实际上更接近道家。他的《论老子流失》之所以能写得如此生动和深到，与他自己的心领神会是分不开的。老子之学不只启发了法家与阴谋家，也深深地影响了马一浮。读他的书札，常常能深切地感受到老子对他的影响。例如，从他对熊十力批评的辩驳中，不难发现他对老子智巧的运用如从己出，简直游刃有余，不留痕迹。他对老庄的批判从某种意义上说，未尝不是他的自我批判。尽管他的讲学和著述始终是高扬儒家的，但实际上他高扬的可能恰恰是他"虽不能至，心向往之"的。这大概就是王弼所说的"恒言所不足"吧。少年王弼曾拜访吏部郎裴徽，裴徽见他非同凡响，便问他："无，确实是万事万物的本源啊！可是为什么圣人都不肯说，而老子却说个没完呢？"王弼回答说："圣人已经实证了'无'这个本体，而'无'又没办法解释的，所以就不说了。老子的生命境界还处在'有'的阶段，所以总喜欢讲他所不足的东西。"在笔者看来，马一浮其实是阳为孔孟、阴为老庄的，这应该是他生命中最深隐的矛盾。他一生的著述和临池似乎都是在调和与化解这一矛盾，但直到暮年，他仍然处在"调神顺幽独，聊可安枯槁"的矛盾之中。在两千多年的中国文

---

① 《梁漱溟全集》第五卷，第320页。

化史中，马一浮绝不是个案，否则就不会出现梁漱溟所说的数千年来"'黄老无为'的气习，实大过于儒家"的局面。之所以会出现这种局面，是因为孔子之真精神和儒家之真学脉长期隐没不彰。孔子言"知我者其天乎"（《论语·宪问》），绝非故作高深之语，确为实话实说。孟子之后，真懂孔子之真精神、知儒学之真学脉者也不过程颢、陆九渊、王阳明、王艮、伍庸伯、梁漱溟等凤毛麟角的几个人，而绝大多数不过得其皮毛而已。所以，讲孔孟之道者多，行孔孟之道者少，儒学的话语权也被著书立说的"学术权威"把控，真懂孔子之真精神、知儒家之真学脉者反而显得不够权威，甚至被边缘化。

众所周知，牟宗三"爱骂人""刀子嘴"在学术界是出了名的，好像不挑挑别人的错便不能显出他高人一等似的，以至于他几乎不放过古今中外任何一人，包括他的老师熊十力。他对梁漱溟也有诸多批评，却不得不承认梁漱溟在新文化运动中反孔鼎盛的时候，"独能深入孔教最内在的生命与智慧……独能生命化了孔子，使吾人可以与孔子的真实生命及智慧相照面，而孔子的生命与智慧亦重新活转而披露于人间"[1]。其中的两个"独"字，明显排除了马一浮和熊十力。他这些话曾经让笔者很好奇：梁漱溟在北大讲《东西文化及其哲学》时不过二十几岁，小时候又没有读过多少古书，甚至四书五经都没读过，而且他那个时代饱学之士多如牛毛，儒家经典倒背如流的大有人在，

---

[1] 牟宗三：《生命的学问》，天地出版社2022年版，第118页。

为什么"独能深入孔教最内在的生命与智慧""独能生命化了孔子"的人偏偏是他？直到后来读梁漱溟的《孔家思想史》时，笔者的问题才迎刃而解。他说：

> 我以前看乐是在欲得遂，此外无他义。等到了解孔家的意思以后，实有我原意之外，因为都看乐是有所依待。我看社会一切，愈觉我的意思对，而儒家却另外有他的解释。他不从改造局面去救人，不是看乐是有所依待，而是走无所依待之路。我因觉得孔家意思在我心目中是一个新颖的意思，为以前所未见着的。我对他的道理有一个理会。当时我有许多感想，此刻说不上来。但我可说一事，就是看到颜子"其心三月不违仁"，我躺在卧几上觉得有一种默契，我的意思差不多从此开发。我于此看孔子思想的全体，差不多都可以贯串下去。[1]

梁漱溟说的这件事，发生在他二十二岁前后，正是在北大任教的前两年。能与颜子"其心三月不违仁"形成默契，这在儒家就是所谓"见体""见性"或"闻道"。难怪他应聘北大之前，就敢对北大校长蔡元培和文科学长陈独秀说，他"此番到北大，实怀抱一种意志一种愿望，即是为孔子为释迦说个明白，

---

[1]《梁漱溟全集》第七卷，第906页。

出一口气"①；难怪他敢站在北大讲台公然批评蔡元培和胡适之都不懂孔子所谓"仁"；难怪他敢公然批评"儒学之集大成者"朱熹②。这是何等志气！这是名副其实的"当仁不让"！他说到做到，在北大只待了七年，便兑现了他的诺言，在西方文化遮天蔽日、摧枯拉朽的时代，为东方的孔子和释迦牟尼争得一席之地和一线生机，开启了东方文化的复兴之门。梁漱溟自称"从来自己认为负有历史使命——沟通古今中西学术文化的使命"③。他说："前人云：'为往圣继绝学，为来世开太平'，此正是我一生的使命。"马一浮在浙大泰和校区讲《横渠四句教》时，就没有这样的"直下承当"，只是号召听讲的师生像北宋张载那样立志。在笔者看来，这不只是两位先贤在性格和表达方式上的差别，更是"讲道者"和"行道者"在心胸和气魄上的不同。

《论语》的第一个字就是"学"，但孔子所谓"学"与西方现代学术体系所理解的"学"有着本质的区别。在梁漱溟看来，孔子所谓"学""不是自然科学，不是社会科学，乃至亦不是人生哲学"④，甚至不是古人所说的"经学""道学"或"理学"，而是迄今为止鲜为人知的一门学问。孔子晚年总结其一生的学

---

① 《梁漱溟全集》第二卷，第12页。

② 参见梁漱溟的《礼记大学篇伍严两家解说》和《试论宋儒朱熹氏在儒家学术上的贡献及其理论思维上的疏失》等。

③ 《梁漱溟全集》第八卷，第187页。

④ 《梁漱溟全集》第七卷，第500页。

问时说："吾十有五而志于学，三十而立，四十而不惑，五十而知天命，六十而耳顺，七十而从心所欲不逾矩。"（《论语·为政》）这丝毫没有说到他的生命生活之外去，也未谈提出了什么观点，创造了什么理论，只是讲了他的人生在各个年龄阶段所达到的境界，至于这些境界到底是怎样的，恐怕只有他自己知道。不要说外人很难知晓，即便是孔子本人，在前一个阶段也很难知道后一个阶段将会怎样。孔子的学问，只是"修己"。孔子之"安人"，是"修己以安人"；"安百姓"，也是"修己以安百姓"。所以梁漱溟才说："儒家孔门之学为体认人的生命生活之学，要在反躬修己的实践。"[1]一言以蔽之，"儒家孔门之学修己安人之学也"[2]。为了避免今人按西方学术的性质和分类来理解孔子的学问，梁漱溟甚至不太愿意使用"哲学""教育学""儒学"这类名词来称呼孔子之学，而称孔子之学为"自己学"。他说：

> 孔子毕生致力就在让他自己生活顺适通达，嘹亮清楚；平常人都跟自己闹别扭，孔子则完全没有。这种学问究竟是什么学问，安一个什么名词才好呢？恐怕遍找现代世界所有大学、研究院，学术分科的名词，都找不到一个合适的给他安上。孔子毕生所研究的，的确不是旁的而明明就

---

[1]《梁漱溟全集》第七卷，第497—498页。

[2]《梁漱溟全集》第七卷，第466页。

是他自己；不得已而为之名，或可叫做"自己学"。①

在梁漱溟看来，孔子"相信人都有理性，而完全信赖人类自己所谓'是非之心，人皆有之'，什么事该作，什么事不该作，从理性上原自明白。一时若不明白，试想一想看，终可明白。因此孔子没有独断的标准给人，而要人自己反省"②。梁漱溟始终以"反躬修己之学"为儒家孔门之学的正宗。他曾不无恳切地告诉大家："单是求知识，没有用处，除非赶紧注意自己的缺欠，调理自己才行。要回头看自己，从自己的心思心情上求其健全，这才算是真学问，在这里能有一点，才算是真进步。"③他还说："深深地进入了解自己，而对自己有办法，才得避免和超出了不智与下等。——这是最深渊的学问，最高明最伟大的能力或本领。然而却不是一味向外逐物的西洋科学家之所知矣。"④"心思"上求其缜密，"心情"上求其安和，说到底，其修的只是一个"自觉"（明白自己）和"自主"（拿自己有办法）。而要做到自觉和自主，功夫只在诚意慎独。所谓"诚意"，只是"毋自欺"；所谓"慎独"，就是在独处之时亦不敢自欺。

基于对孔子之学的体认，梁漱溟认为，孟子所说的"由仁

---

① 《梁漱溟全集》第五卷，第552页。

② 《梁漱溟全集》第三卷，第105页。

③ 《梁漱溟全集》第二卷，第50页。

④ 《梁漱溟全集》第八卷，第24页。

义行，非行仁义也"代表了孔子的真精神。世俗误认拘谨、守规矩为道德，殊不知这在孔孟那里非但不是道德，反而是"乡愿"，是孔孟所深恶痛绝的。孔子曰："过我门而不入我室，我不憾焉者，其惟乡原乎！乡原，德之贼也。"（《孟子·尽心》）在梁漱溟看来，中国人的"人生与其谓为孔家的，宁谓多黄老之意味，此不但两汉为然，中国数千年以儒家治天下，而实际上人生一般态度皆有黄老气"[1]。所以，在历史上孔子之真精神罕有彰显，儒家之真学脉长期晦而不明。学界通常误以为朱子作为儒学之集大成者代表着儒家学脉之正宗，但梁漱溟却不以为然。他认为，"从大程子（《识仁篇》）以至象山阳明均代表此学脉者，而朱子则与伊川有所不逮"[2]。他虽然肯定朱子"于传播孔门之学有极大贡献"，但也对朱子提出了深刻的批评。他在清代学者如颜元、李塨、陈梓、陈澧、毛奇龄等人对朱子的质疑和批评基础上，不仅批评了朱子《四书章句集注》的注解错误，而且批评了朱子在儒家学脉上的重大疏失。他说："朱子所撰章句注解多有错失……盖朱子勤于学问，泛滥百家，务广而荒，又主观太强，粗心大意处不少也。"他认为更为严重的是，朱子在传承孔孟学脉中"竟不自觉地违离此学脉"。梁漱溟批评朱子《大学补传》时说：

---

[1]《梁漱溟全集》第一卷，第473页。

[2]《梁漱溟全集》第七卷，第467页。

向外用心于物，信乎可以察识物理，可以产生自然科学乃至社会科学，但岂不离开了反躬理会自家生命和生活的道路，又如何便收到朱子所说"吾心之全体大用无不明矣"的效果？须知要收得吾心之全体大用无不明的效果，其道就在《大学》原文的"大学之道在明明德"，而明明德则在"修身为本"，在"必慎其独"，在现实生活中察识和处理一切事务，原为修身慎独所有事，修身慎独正所以发挥吾心之全体大用。若一入手便心向外用去，岂不背离孔门学脉乎？①

尽管朱子作为儒学的集大成者，在说理上总是面面俱到、无懈可击，其"主敬以立其本，穷理以致其知，反躬以践其实"的三句教法就是如此，但在伍庸伯和梁漱溟看来，这种文字上的面面俱到恰恰是"朱子在这从古儒家用功的路线（修身为本）上认识不真，抓得不紧"②的表现。梁漱溟批评说："这样做功夫缺少头脑，不能归一，其难资得力，亦可概见。宜乎朱子到晚年来，卒自深悔其支离失当也。"梁氏进一步得出结论说："在功夫上朱子之路特如其《大学补传》所云云者，实不为近道，宁说它是迂远于道的。"③马一浮的《复性书院学规》由朱熹的三句教法扩充为四句教法，"今为诸生指一正路，可以终身

---

① 《梁漱溟全集》第七卷，第506页。

② 《梁漱溟全集》第四卷，第107页。

③ 《梁漱溟全集》第四卷，第93—94页。

由之而不改，必适于道，只有四端：一曰主敬，二曰穷理，三曰博文，四曰笃行。主敬为涵养之要，穷理为致知之要，博文为立事之要，笃行为进德之要。四者内外交彻，体用全该，优入圣途，必从此始"①。此言看上去四平八稳、万无一失，本质上还是梁漱溟一针见血指出的那般"做功夫缺少头脑"。"为诸生指一正路"，实则指了四条歧路，埋下了"务广而荒"的祸根。谓之"认识不真""迁远于道"，不亦宜乎？

## 二、马一浮"怠于反己之实功"

儒家真学脉，在反躬修己。但这并不意味着儒家就必须以反躬修己为专业而远离士、农、工、商四民之事务，就只能主敬、笃行而不能博文、穷理。儒家在现实生活中也察识和处理一切事务，但又把察识和处理一切事务统统视为落实诚意慎独功夫的本分事，求毋自欺和心安理得，不求功名利禄。孟子曰："君子之所以异于人者，以其存心也。"就是说君子之所以不同于普通人，不在所做的事情上，而在做事的存心上。换言之，不在做什么事上，而在为什么做这事上。君子"志于道，据于德，依于仁，游于艺"，儒家不是不做事，而是为反躬修己做事。孔子所说的"吾道一以贯之"，即是用反躬修己的态度贯穿貌、言、视、听、思一切事务，此即《洪范》所谓"敬用五事"。孔子无论是安己、安人还是安百姓，都以"修己以敬"为

---

① 《马一浮集》第一册，第107页。

功夫。"君子无终食之间违仁，造次必于是，颠沛必于是"的"是"，指的就是诚意慎独的修身功夫。一言以蔽之，儒家为修身而做事，用《大学》的话说，即为"明明德"而做事，故《大学》云"自天子以至于庶人，壹是皆以修身为本"，故孟子曰"学问之道无他，求其放心而已矣"。若为其他目的而做事，即非儒家；为名、为利乃至"为学问而学问"，皆非儒学。这是儒学之真学脉。这个道理马一浮岂能不知？他反复强调"从上圣贤，唯有指归自己一路是真血脉"，"克己复礼，正如收复失地战胜攻克一般，须是扎硬寨、打死仗才行"①，足见他对儒学之真学脉是有认识的。他的问题和朱熹的问题一样，不是没有认识，而是"认识不真，抓得不紧"。他们之所以"认识不真，抓得不紧"，乃是因为"任从自己情趣走"，"勤于学问，泛滥百家，务广而荒"。

1961年11月，梁漱溟《读熊著各书书后》完成后不久，就托王星贤将稿本带到杭州，请马一浮指教。明面上是"请指教"，实际上应该还有更深的意图。笔者认为，其意在规劝马一浮"见不贤而内自省"。马一浮看完后，即于1962年4月3日给梁漱溟回信。由于这封信涉及"现代儒家三圣"之公案，关乎学者慧命，意义非同寻常，今全文转录如下：

---

① 《马一浮集》第二册，第878页。

漱溟先生侍右：

星贤来，辱手教，见示尊撰《熊著书后》。粗读一过，深佩抉择之精。熊著之失正坐二执二取，骛于辩说而忽于躬行，遂致堕增上慢而不自知。迷复已成，虚受无□，但有痛惜。尊论直抉其蔽而不没所长，使后来读者可昭然无惑，所以救其失者甚大。虽未可期其晚悟，朋友相爱之道，固舍此末由。亦以见仁者用心之厚，（浮赞叹□□。）夫何间然。尊稿仍嘱星贤奉还。草草附答，敬颂道履贞吉，不宣。浮顿首。四月三日。①

"辱手教"三字，看上去只是书信开头十分常见的礼貌用语，但在马一浮的这封回信中似乎不只是礼貌用语，而是实有"领教"的真心在。众所周知，1931年10月马一浮为熊十力的《新唯识论》作序，对《新唯识论》推崇备至，极尽赞美之词，称其"足使生、肇敛手而咨嗟，奘、基挢舌而不下。拟诸往哲，其犹辅嗣之幽赞《易》道，龙树之弘阐中观"②。熊十力看完马一浮的序文，颇为得意，回信称《新唯识论》除了马一浮"再无第二人能序得"，信末还不忘加上一句"漱溟真能契否，尚是问题也"③。言外之意，梁漱溟不一定能看得懂《新唯识论》，

---

① 《马一浮全集》第二册，第650页。"虚受无□"盖为"虚受无妄"。"无妄"，是"无妄之灾"的略称，指平白无故受害。

② 《马一浮全集》第二册，第23页。

③ 《熊十力全集》第八卷，第388页。

骄傲之情溢于言表。《新唯识论》出版后,在佛教界激起轩然大波,遭到了佛学界的猛烈批评。梁漱溟也对《新唯识论》大为不满,深悔当初推荐熊十力去欧阳竟无的内学院学习及去北大任教。事实上马一浮和熊十力在学问上都对梁漱溟心存优越感,阅读《马一浮全集》和《熊十力全集》时常可以看到他们流露出这样的傲慢。但最终的事实证明,他们的优越感不过是建立在"读书多、见闻广,或有才辩、能文辞,便谓之有学问"的世俗学问观上的"自我感觉良好"。笔者认为这应该是马一浮读完《读熊著各书书后》的第一个领教处。其信中所说的"深佩抉择之精",赞叹的是梁漱溟之智;"见仁者用心之厚",赞叹的是梁漱溟之仁。不难看出,其"赞叹□□",是肺腑之言而非客套虚语。

马一浮的回信并没有明言他领教了什么。就笔者对熊、马、梁三位的了解,马一浮可能在以下四个方面有所领教。

一是不顾对方而自说自话。与马一浮喜欢用"文词典丽的骈偶句"讲些连蒋介石都听不懂的大道理不同,梁漱溟无论演讲还是著述用的都是大白话,不仅言辞通情达理,而且态度平易近人。笔者原以为这只是两人性格和偏好的差异,看了《读熊著各书书后》才发现,这其实是用心的不同。梁漱溟说:

> 说话非同诗歌之比。诗歌多从自家情怀出发,可以只顾我歌唱我的,不计其他。而说话或著书,原在以我所明了的某事某理晓喻于人,让他亦明白,必须未曾开腔先照

顾到对方，为他设想。这里有一原则，就是：当从彼此共同承认的一些事理入手，慢慢讲到他初时不曾懂得的事理上来，引导他接受。反之，开腔就说出非他所能接受的话，其结果说到末了，不还是没有被接受？熊先生不顾当前思想界既为外来学术思想所统治，而儒学早失其传统地位的情势，却只顾自己说自己的话，自己肯定自己的话，试问有何用？①

事实上，马一浮和熊十力均"不顾当前思想界既为外来学术思想所统治，而儒学早失其传统地位的情势，却只顾自己说自己的话，自己肯定自己的话"，且都喜好用文言和大段地引用经典原文，表面上看似只是"说话或著书"的方式不同，实则体现的是对听众或读者的态度不同。一个是"举头天外望，无我这般人"的孤芳自赏，一个是"随缘利益众生"的循循善诱；一个是"未曾开腔先照顾到对方，为他设想"，一个是"未曾开腔"先认定对方"不可教"。如马一浮曾说："今时根器下劣者多，又习气深厚，难为解脱。"②"方今学子，务求多闻，则义理非所尚；急于世用，则心性非所先。"③甚至，其已到浙大开讲，还要抱怨"听众机劣，吾又缘浅"④，始终不反省自己的发

① 《梁漱溟全集》第七卷，第752页。

② 《马一浮全集》第二册，第625页。

③ 《马一浮全集》第二册，第460页。

④ 《马一浮全集》第二册，第481页。

心存在问题，以至于有熊十力这样直言不讳的诤友也不肯反省自查。"道不远人"，"君子以仁存心，以礼存心。仁者爱人，有礼者敬人"，"行有不得，反求诸己"，马一浮早就烂熟于心，且能讲得头头是道，但由于他喜好辨析名相、玄谈义理、创立新说，虽说理精纯，却践履不实，所以自命清高、好为人师，却又求全责备、动辄抱怨。从马一浮的书信和私下谈话，可感受到他的傲气与怨气。孔子云："求仁而得仁，又何怨？"马一浮的动辄生怨，说明他求仁识仁的功夫并未做到位，故虽然"理"上总是讲得很通，但落到"事"上却常常不通。

二是热衷于著书立说。我国古来就有所谓"三不朽"的追求。《左传·襄公二十四年》载："太上有立德，其次有立功，其次有立言，虽久不废，此之谓不朽。"其中，立德最难，立功次之，立言最易。历史上能做到"三不朽"的人凤毛麟角，古来知识分子多以立言为志。怎样才算立言？不是文章发表了，著作出版了，就叫立言。孔颖达疏："立言，谓言得其要，理足可传。""言得其要"的"其"，指的就是前文所说的"立德"和"立功"。可见立德、立功是立言的基础，不是多读书、善思考、勤撰写便可称为"立言"。熊十力热衷于哲学思辨和著述，马一浮热衷于辨名析理和诗书创作，都有立言的追求。但在梁漱溟看来，他们都忽视了一个重要的道理，那就是"东方古人之学都是在其人格上、生命上有一定深造绝诣之余，乃始从其方便善巧说出给人们的。在这里，唯不以思想理论为事，乃有思想理论成功之本；反之，若以思想理论为事而疏怠乎实践，不解决实际问题，那在思想理论上非失败不可"①。这虽然是批评熊十力的，但同样可以用来批评马一浮乃至学术界绝大多数人。马一浮"夙嗜文史"，"性慕幽遁，肆志玄览"，缺的就是社会实践功夫，故阅读马一浮的著述，几乎随时可以看到他"以思想理论为事而疏怠乎实践"的问题。

三是"明知故犯"与"自欺自昧"。梁漱溟认为，前述道理，以熊十力的悟性和学养，岂有他不晓得的？但他先是明知故犯，后来更将此知渐渐模糊遗忘，晚年便走入歧途。在梁漱溟看来，人们犯错误几乎都是明知故犯的，人类之深可怜悯处正在此。他说：

> 独可惜熊先生一度——或不止一度——见体，而未加——或缺乏——保任，又失误在耽求思想理论而追摹想象中。熊先生方自谓这于修养无背，且将有所助益；而不知这个自谓无背有助，恰是自欺自昧，竟尔走入歧途，终于不救。其间偶有自悔之语："平生枉费推求力，到老方知此事难。"——见《十力语要》卷二答敖均生书。然悔而不改，盖积重难返矣。②

熊十力"明知故犯"和"自欺自昧"的毛病，马一浮也存

---

① 《梁漱溟全集》第七卷，第759页。引文着重号为原著作者所加。

② 《梁漱溟全集》第七卷，第779—780页。

在。马一浮喜好舞文弄墨，就他反复号召的"祛习复性"而言，未尝不是"明知故犯"与"自欺自昧"。梁漱溟说：

> 大约一个人不向着他所认识到的应行自勉之路而勉趋之，却任从自己情趣走，有背乎那正路而不惜，便是堕落。熊先生情趣在好玩弄思想理论把戏，他亦完全明白东方古人之学莫不有其反己之真实功夫为其学说所自出，不应该离开此等真实功夫而谈什么思想理论。然而他却任从情趣去搞他的哲学理论，而忽于反己之实功。这便开始堕落。①

梁漱溟批评熊十力的"任从情趣"与汤寿潜批评马一浮的"任性好弄"其实是同类习气。马一浮把"不向着他所认识到的应行自勉之路而勉趋之，却任从自己情趣走"的积习美化成"调神顺幽独"，并认为作诗、玩书法"于修养无背，且将有所助益"。在梁漱溟看来，这同样是"自欺自昧"，因为"识仁""复性"的重要性马一浮比谁都清楚，还曾反复劝勉学者以此为学。然而他自己也像熊十力一样，"任从自己情趣走，有背乎那正路而不惜，便是堕落"。只是他的"堕落"，因为善于"调神顺幽独"，而不像熊十力那样充分暴露。

四是逃避破"我执"。梁漱溟批评熊十力"在一个最根本的问题上疏了神，这就是'我执'的问题"。他说："我执问题何

---

① 《梁漱溟全集》第七卷，第782页。

以要说是最根本的问题？因为世间出世间的根本关键在此。同时它也就是染或净的关键所在，乃至亦是善或恶的关键所在。"①在梁漱溟看来，"佛法彻始彻终只在解决这一个问题"。他说："熊先生把弄佛典数十年，我执问题在其眼中、耳中、脑中、口中，来去应不止千次万次，何能疏忽得？然而常言说得好：'熟视无睹。'他却真真地熟视而竟然无睹。"②这样的熟视无睹，马一浮恐怕也未能幸免。当他说"熊著之失正坐二执二取，骛于辩说而忽于躬行，遂致堕增上慢而不自知"时，又是否做到"见不贤而内自省"，至少他给梁漱溟的回信中没有这样的自省。在这一点上，熊十力当年倒是有公开的反省。他说："唯（林）宰平先生知余平生未有变化气质之功。"③马一浮经常喟叹自己的孤独，本质上是"我执"的作茧自缚。熊十力"任从自己情趣走"，表现在"好玩弄思想理论把戏"；马一浮"任从自己情趣走"，表现在好吟诗作词、舞文弄墨，其痴迷程度并不亚于熊十力。他一生作诗3000多首，直至临终仍作诗不辍。近乎失明了，还在玩味记忆中的古诗文，以偶获得意之集句、集联为创获，乐此不疲。如《题五十岁时影》云："日面月面，朝朝相见。莫与往来，虚空闪电。""忧乐是同，形貌何异。不落圣凡，塞乎天地。"《题六十岁时照片》云："谁云日月面？一任马牛呼。因我得礼汝，何人识得渠？"《题六十二岁时摄

---

① 《梁漱溟全集》第七卷，第767页。

② 《梁漱溟全集》第七卷，第767页。

③ 《熊十力全集》附卷（下），第1268页。

影》云："影现有千身，目前无一法。若问本来人，看取无缝塔。""其容寂然，其气熏然。而犹为人，知我其天。"《一九五二年自题影》云："忧来无方，老至不知。空诸所有，乃见天机。"《一九六一年自题影像》云："土木尔形骸，尚澡雪尔精神猗。形与神其俱敝，殆将返其真猗。"《题七十九岁时摄影》云："动亦定，静亦定。尔为谁，形问影。"《自题近影》云："其神凝，其容寂；尔为谁？吾不识。"[1]其执著自我，由此可见一斑。

熊十力"任从自己情趣走"，其后果是"堕落"在"晚年乃大暴露"，这是梁漱溟和马一浮都深感痛惜的；而马一浮"任从自己情趣走"，其结果却被他精致的诗文装饰得"花开正满枝"，其真实的生命境界至今鲜为人知。

---

[1]《马一浮全集》第四册，第207—208、210页。

对马一浮知之甚深的熊十力，曾经把马一浮比作《红楼梦》中的妙玉。现代文学批评家刘衍文亦然。他说："《红楼梦》第五回金陵十二钗图册判词，其第六判妙玉云：'欲洁何曾洁，云空未必空。可怜金玉质，终陷深泥中。'正可为湛翁诵之。人或有言：得毋刻薄？曰：非也，此公道持论耳。"①综观马一浮的一生，熊、刘之论还确实有几分公道在。

孟子曰："可欲之谓善，有诸己之谓信，充实之谓美，充实而有光辉之谓大，大而化之之谓圣，圣而不可知之之谓神。乐正子，二之中、四之下也。"（《孟子·尽心》）这是孟子对儒家修身功夫所臻生命境界的完整表述。他把人的生命境界分为"善""信""美""大""圣""神"六个层次。他说："古之人修其天爵而人爵从之。"这大概就是他所说的"天爵"。他判定

---

①钱汉东主编：《寄庐梦痕——刘衍文学术思想辨踪》，上海古籍出版社2022年版，第127页。

乐正子的生命境界在"善"和"信"两个层次而尚未臻于"充实之谓美"的层次。如果以此评判马一浮的生命境界，他大概在哪个层次呢？社会上流传的所谓"现代儒家三圣"说法，是现代人的过情之评、溢美之词，不足为凭。衡量思想家的生命境界，须穿透语言帷幕，直指其生命真境。不能只看他说了什么，还要看他怎么说，更要看他怎么做，尤其要看他的实际证行。

## 一、儒佛道兼顾的实修功夫

马一浮治学是力主实修功夫的。他的实修功夫可以从三个方面来观察，即日有常课的自修生活、游心方外的师友切磋、传道受业的事上磨炼。

日有常课的自修生活。马一浮遁居西湖二十七年的独处生涯，展现出儒者静定工夫的"会通"特色。其每日的修行功课都是佛、道、儒兼修的。他还专门为自己制定了《佛学日课定式》，如1916年其自订修行仪轨：

> 寅初：燃灯供佛，礼《普贤行愿品》十拜
>
> 卯正：诵《法华经·方便品》
>
> 辰巳：儒经课（本日轮读《礼记·学记》）
>
> 午未：止观双运（依《摩诃止观》修法）
>
> 申酉：临池（必写《金刚经》偈语数行）
>
> 戌亥：总摄（默存《太极图说》义）

这样的日常功课甚至在战乱不断期间，亦坚持不懈。如《蠲戏斋日记》1937年9月12日条记其日课程式称："平明即起，盥漱毕，焚香静坐半时（常持《心经》三遍），次诵《孝经》《大学》《中庸》各一通。午后读《华严经·十住品》一卷，晚课礼东方（按：指东方药师佛）十二拜，临《庙堂碑》百字，子夜修止观法。"《避寇日记》于1938年3月9日避难桐庐时记："寇氛日亟，不敢废日课：晨诵《孟子·尽心章》以立志，午读《易·系辞传》究天人之际，暮持《阿弥陀经》求生净土。虽颠沛必于是。"这些日课严格按时辰划分课目，且与书法、静坐等实践结合，具有鲜明的儒释道会通特色。这种将程朱持敬工夫与禅宗止观修行融汇的修行体系，使儒门慎独工夫获得具体操作路径。其"每临碑帖必屏息凝神"的书写禅境，远超普通文人雅趣，实为心性修炼之具象化。这样持之以恒的日课奠定了马一浮生命境界的基础。战乱中，面对被焚毁的藏书、手稿，他作诗"大道本无毁，人自毁其天"，此种临难不乱的定境，显露出程颢所谓"廓然大公，物来顺应"的圣贤气象。相较于康有为流亡时仍携妾佣三十人的做派，马氏"一箧一杖"的行止更具证道者风骨。其《避寇集》三百余首诗中，"空山无人雪自落"的意境重复出现四十七次，这一意境亦见于马氏的不少诗词文章，足证其诗性境界。这种诗性表达非修辞造作，乃工夫纯熟后的本体呈现。方东美谓之"三教贯通后的宇宙悲怀"，实则是将张载"民胞物与"境界升华为存在论的诗意栖居。

游心方外的师友切磋。马一浮一生交友甚广，不限于门户，其中不少是方外人士。如1911年秋，访楚泉法师于杭州海潮寺，叩问天台止观法要，法师以"一念三千"示之。1914年4月，至观宗寺求教谛闲法师，法师为他开示"性具善恶"之旨。①1927年，写信给印光法师请教念佛法门，得复函诫以"老实念佛"。1933年，肇安法师到杭州访马一浮，共校《华严经探玄记》。1938年1月，避日军至泉州承天寺，与弘一法师会晤，赠以《华严疏论纂要》，共论《华严经》校勘事，并劝法师内迁。除佛教高僧之外，马一浮与道教人物也有交往。如向道教仙学泰斗陈撄宁请教丹道"坎离交媾"之义，讨论《参同契》的"火候"。与青城山道士易心莹游观天师洞，共论《阴符经》"三盗既宜"之旨以及《老子》"玄之又玄"之义。②这种超越门派之见的切磋交流，为马一浮融通三教、汇归六艺提供了切身的经验，标志着他已突破儒家"判教"传统，达至"理一分殊"的圆融之境。

传道受业的事上磨炼。复性书院虽仅存十年，却成为检验马一浮生命境界的绝佳场域。书院以"复性"为宗旨，讲明性道，必依六艺为教；而治六艺之学，必以义理为主。书院开设玄学、义学和禅学三种讲座，与他每天修行日课的内容互为表里。其目的只有一个，那就是"敷扬经论旨要，以明性道"。书

①参见释宝静编：《谛闲法师年谱》，上海佛学书局1934年版，第57页。
②参见《青城山道协档案》，1957年油印本，四川省档案馆藏。

院注重日常修行，书院学规规定"早起须盥栉整衣，读书前必焚香默坐"，将洒扫应对与穷理尽性融为一体。书院规定每月朔望行释菜礼，但马一浮创新地加入"互揖论学"环节：师长先向学生作揖请益，破除传统师道威严。这种"道在躬行"的教化艺术，使抽象的道德说教落实为可触可感的生活细节。马一浮回答学生提问，颇带禅师机锋转语之趣。《尔雅台答问》记录百条师生对话，展现了生动的道场接引。有学生问："如何是宗？如何是教？"答曰："'如是我闻'是教，'一时佛在'是宗。"这种妙解经语的教导方式，超越概念推演而直指心性本源，有似于禅宗公案中的大机大用。熊十力在复性书院期间对马一浮的批评虽然尖锐，却始终保有对其理学的尊重，其晚年信函中仍言："湛翁学宗程朱，吾归心船山，然平生论学虽异，未尝不心折湛翁践履之笃实也。"

全民族抗战爆发后，马一浮借应聘浙江大学和复性书院的机缘，以讲授儒家六艺之道为抓手，在西方文化碾压全世界、全盘西化为国内主流的时代背景下，挺身而出，捍卫中华文化的尊严。虽有人讥其为"自大之病"和"极端保守主义"，但他仍然苦心孤诣，独行其道。他鬻字刻书，只为天壤间多留中华优秀传统文化的一粒种子，可谓"先天下之忧而忧"。

综观马一浮一生的实修功夫，基本上是围绕着其"为文宗"的志向展开的。其所致力处主要在儒释道经典的义理会通，其会通方法主要是"熟读深思"。这样的功夫，精勤为之，可以将经典烂熟于心，下笔如有神助，说理头头是道，文章可以"无一句无来历"，诗词可以"无一字无来历"，书法可以"无一笔无来历"。但这样的功夫，可以写出盖世文章，却未必能修出超凡品格；可以"立言"，却未必能"立功""立德"；可以提高思想水平，却未必能提升生命境界。提升生命境界的功夫实修还须一门深入，最忌务广而荒。在儒家是"克己复礼""祛习复性"的实功，在佛家是破除"我执""法执"的硬仗。

## 二、"当世圣人"的境界评说

世人喜言"德行"，实则"行"易见而"德"难知，这亦是马一浮反复强调的。他说："知德者鲜，故唯圣人能知圣人，唯君子能知君子。德行者，内外之名，行则人皆见之，德则唯是自证。言又比行为显，故曰：'有德者必有言，有言者不必有德。''始吾于人也，听其言而信其行。今吾于人也，听其言而观其行。'……乡原居之似忠信，行之似廉洁，非之无非，刺之无刺，观其行事疑若有似乎君子，而孔子恶之，谓其乱德。此见君子之所以为成德者，乃在心术。行事显而易见，心术微而难知。若但就行事论人，鲜有不失之者矣。"[1]知言已经很不容易，观行则更加困难，知德就更是"难于上青天"了。如果仅仅依据言论来评判一个人的生命境界，那是很不可靠的。

关于马一浮的内证境界，熊十力最早以"真见道者"称之。他说："真见道者，默然自识、自肯，得大安稳，受用自在……

---

① 《马一浮全集》第一册，第28页。

友人马居士湛翁饮此甘露。余平生劳于思，犹说食不饱。"①学界中称马一浮为"圣人"的最初倡导者也是他。他在1924年写给林宰平的书信中说："马湛翁之学，粹然一出于正，其养深而道纯，直是当世圣人。""当世圣人"的提法打破了古来儒门罕称圣的惯例，孔子尚且说"若圣与仁，则吾岂敢"（《论语·述而》），其余儒者更无须赘言。牟宗三在其《五十自述》中也附和其师说："熊先生每称马先生为圣人，此非虚誉。"②丰子恺于20世纪40年代把马一浮比作孔夫子，虽未直接用"圣人"，但其实已经视其为圣人了。钱穆于20世纪70年代称马一浮、熊十力和梁漱溟为"新儒门三杰"。20世纪80年代，韦政通首次称他们为"三圣"③。"现代新儒家三圣"之名迅速流传。刘梦溪不仅沿用这个说法，而且深信不疑。他说："湛翁（马一浮）之学，以六艺为宗，会通儒佛。其德行密契天心，教化出入圣俗，于乱世中独守贞正，开显性道之全体大用。"④

　　对此类过誉之词，马氏本人其实是明拒而阴受的。他会批评说"圣人名号，岂可妄加？今人动辄以圣贤相标榜，此正是狂病未除"，但他又会有意无意地曲说暗示或推波助澜。这在其谈话记录和私人书信中时常可以看到。

---

①《熊十力全集》第六卷，第559页。
②牟宗三：《五十自述》，鹅湖出版社1989年版，第67页。
③参见李明辉：《当代儒学的自我转化》，中国社会科学出版社2001年版，第89页。
④刘梦溪：《中国现代学术要略》，生活·读书·新知三联书店2008年版，第216页。

— 214 —

## 三、值得警醒的暮年表现

佛教通常会把人临终的表现视作其一生修行的最后一场大考。马一浮这场大考的成绩与其"迥脱根尘，见性自在，不随根坏"的生命境界似乎不太匹配。今人对于马一浮生命境界的猜测，多半依据的是他的著述，尤其是他暮年的诗词和对联。其中，他的《豫制自题墓辞》、自挽联和《拟告别诸亲友》，更是成为很多人猜测其生命境界的依据。笔者就从这些诗文入手，结合他的临终表现来试论其生命境界的一个侧面。

### （一）《豫制自题墓辞》与"不求人知"

其《豫制自题墓辞》云：

> 孰宴息此山陬兮，昔有人曰马浮。老而安其茕独兮，知分定以忘忧。学未足以名家兮，或儒墨之同流。道不可为苟悦兮，生不可以幸求。从吾好以远俗兮，思穷玄以极幽。虽笃志而寡闻兮，固没齿而无怨尤。惟适性以尽年兮，若久客之归休。委形而去兮，乘化而游。蝉蜕于兹壤兮，依先人之故丘。身与名其俱泯兮，曾何有夫去留。[①]

马一浮的这篇《豫制自题墓辞》，初稿成于1948年，1958

---

年经改定后刻石，距离马一浮去世分别尚有近二十年和近十年的时间。他为什么这么早就自题墓辞呢？曾经有术士为马一浮看相算命，说他活不过1944年或1945年①，这大概是他为什么1948年就预制墓辞的缘起之一。但是，如果他真信术士之言，应该在1944年或1945年之前就自题墓辞，之所以拖到1948年，估计他对术士之言也是半信半疑。他为什么要自题墓辞？笔者的理解是，他可能深感"无常迅速"，担心"没世而名不称焉"。既然已"知分定以忘忧"，又何必担忧其学是否"足以名家"呢？至于说"或儒墨之同流"，则实在令人费解。一个"或"字就不免让人疑惑：他不是学宗程朱吗？怎么会到自撰墓志的时候还不清楚自己属于哪一家呢？他对于墨子不是"向不喜"么？他不是说"杨、墨之过，正在不识仁义"么？怎么又说跟墨家同流了呢？这岂不成了梁漱溟批评晚年熊十力时所说的"一反其早年所实悟者"？他说"固没齿而无怨尤"，但他晚年的"怨尤"还少么？既知"身与名其俱泯兮，曾何有夫去留"，又何必要自题这篇墓辞呢？他常言自己"平生所学唯在自证，不求人知"（《致屈文六》），"平生为学，不求人知，亦何必见知于后世"（《拙稿编次商兑》），但这类"不求人知"的话说多了，反而容易让人联想到老子的"后其身而身先"。

马一浮八十岁时集《庄子》句所成一联——"乐出虚，蒸

①参见《马一浮全集》第一册，第694页。

成菌；文灭质，博溺心"①，颇能反映他晚年的矛盾心境：上联反映出他对"道法自然"的向往，下联反映出他对人类文明积重难返的绝望。他似乎一直活在两个极端之间。如果把他八十岁时所写的"自绳"联与他八十一岁时所写"自赠"联结合起来，这一问题可以看得更加清楚。其"自绳"联是："博喻安诗，在志未逮；曲学阿世，相戒弗为。"②联后附语曰："八十三年③，忽焉已至。以此自绳，或免于妄。悬诸坐右，庶几户席必戒之旨。壬寅春仲，蠲戏老人书。""户席必戒"典故出自刘勰的《文心雕龙·铭箴》："成汤盘盂，著日新之规；武王户席，题必戒之训。"马一浮的这副"自绳"联，至少能提供两个信息：一是他晚年还存在"曲学阿世"的问题，二是他想学习商汤和周武的自我规诫。值得注意的是，次年他又写了一副"自赠"联："暂遣幽忧邻戏谑；独持枯槁近恬愉。"附语云："或问日用事如何，举此为答。此吾之偶谐三昧也，因书以自赠。癸卯春，蠲戏老人时年八十有一。"④深入分析这副对联及其附语，还可以发现一些深层次的问题。上联"暂遣幽忧邻戏谑"的意思是，偶尔为了排遣内心深处的隐忧，说了一些不该说的话，做了一些不该做的事，这些都跟开玩笑差不多。言外之意，

---

① 《马一浮全集》第三册，第792页。

② 《马一浮全集》第六册，第86页。

③ 壬寅年是公元1962年，这年仲春马一浮才刚刚八十岁，写成"八十三年"，不是年龄记错了，就是干支写错了。

④ 《马一浮全集》第三册，第792页。

就是请世人不必当真。下联"独持枯槁近恬愉"的意思是，他只是以此近乎戏谑的方式来保持恬静愉悦的心态，以保养这把老骨头。"偶谐三昧"是他杜撰的，佛教中虽有无数种三昧之名，却未闻有"偶谐三昧"。他之所以杜撰这个名词，无非是表达妙手偶得这副对联的得意。从其附语来看，这副对联的内容本身是回答朋友之问，可能是他感觉回答得非常精妙，所以书写出来赠给自己。将这一前一后两副对联对照起来看，就会发现他到了这个年纪仍然有良知与虚荣心的矛盾。

再来看他同一时期的另外几副对联，如"万象森罗如未兆；终日酬酢而无为。（蠲叟八十岁书）""南岳青原分一脉；马鸣龙树是吾师。（癸卯春，蠲戏老人时年八十有一）""体用壹原，显微无间；止观双运，寂照同时。（蠲戏老人年八十一书）""法性无为，不堕诸数；自性圆满，犹如虚空。（蠲戏老人年八十三）""与天地万物为一体；非思量分别所能知。（蠲戏老人年八十四瞑书）"①单看这些对联，不得不佩服他在文学上的造诣确实已达炉火纯青，从佛学上看也精妙绝伦，但结合前面分析的那两副对联来看，就不能不怀疑：这些对联到底是禅宗实证的"本地风光"，还是文人习熟的"文字禅"？仔细观察马一浮晚年生活的细节，特别是他这些诗词联语的缘起与背景，其为"文字禅"的可能性很大。禅宗六祖慧能反复告诫："世人终日口念般若，不识自性般若，犹如说食不饱。口但说

---

① 《马一浮全集》第三册，第791—795页。

空，万劫不得见性，终无有益。"（《坛经·般若品第二》）只不过这些深层的问题很容易被表面上玄妙的文字掩饰罢了。这是文人雅士修道很难突破的积习。这种积习即是佛家所说的"法执"。佛教认为，"法执"比"我执"还要根深蒂固，还要难以破除。马一浮晚年作诗不辍，以至于自题照片，自撰自赠诗、联，自撰《拟告别诸亲友》诗，自撰挽联，自撰墓志碑铭。凡此种种，近乎成癖。其"我执"和"法执"之深固，与其所撰诗文之超脱恰恰构成巨大的张力。他写得越超脱，反而越有可能是他超脱不了的自我平衡，即他所谓"调神顺幽独"是也。

### （二）弥留之际的表现与内证

马一浮弥留之际的情况，丁敬涵在《马一浮年谱简编》中有如下记述：

> 弥留之际，一是呓语："吾之舍利已从玉皇山上流泻下来，满地都是"，闻者认为是指他一生心血写成的著作被毁，散落于地。一是槌床痛呼"慰长"不已，深责平时最疼爱的弥甥，至今犹不来探视。①

马一浮弥留之际的呓语，如果真如闻者所说，则他对"身后名"仍有执著。他槌床痛呼的这位"慰长"，是他大姐马明璧

———————————
① 《马一浮全集》第六册，第91页。

的孙子丁佑，字慰长。他是马一浮最疼爱的弥甥。马一浮膝下无子，视之如同己出，从其为他取的名和字中，就不难看出马一浮对他的期望。丁慰长因为妻子被错划成"右派"而受到牵连。1959年秋，夫妻抱着年幼的女儿投太湖鼋头渚自尽。亲友们担心马一浮受不了这个打击，经过商议达成共识，一致对他隐瞒，谎称丁慰长夫妇因政治上犯了错误而被下放到新疆劳动改造。他起初对这个说法还有些怀疑，但遍询来访者皆众口一词，于是也就信了。弥留之际，他对慰长的痛呼与深责，说明他这份凡情执著依然强固。这与他于1958年10月4日写给弟子蒋苏盦的信中所说的境界恐怕尚有距离。他在信中写道：

> 浮目疾近日似小差，可稍近笔砚，然下笔终觉恼悒。此老年视力已竭，乃自然现象，非医药所能疗。因自题壁云："离形生知，收视返听；捐书绝学，息虑忘缘。"似比张处度告范武子之言为精。吾自有八味丸，迥脱根尘，见性自在，不随根坏，无忧也。自此屏除俗书，亦是佳事。[1]

"八味""迥脱根尘，见性自在，不随根坏"，都是禅宗用语。八味，指成佛所得的大涅槃有八种法味：一常住，二寂灭，三不老，四不死，五清净，六虚通，七不动，八快乐。迥脱根

---

[1]《马一浮全集》第二册，第1033页。"范武子"底本作"范式子"，盖形近而误。今据史实改。范宁（339—401），字武子，东晋著名儒学家、经学家。

尘，指彻底超脱内在的六根（眼、耳、鼻、舌、身、意）与外在六尘（色、声、香、味、触、法）的束缚，达到内心清净无碍的境界。见性自在，即彻见自心之佛性而随心所欲、自由自在。不随根坏，指修行者证悟的心性不随感官（六根）的衰败而消失。能达到这个境界，就已经"见性成佛"了。按照《六祖坛经》的说法，此等境界须经已"见性成佛"的祖师大德印证才算，否则"无师自悟，尽是天然外道"。①笔者不知道马一浮究竟是已得印证，还是其自我认定。从他此后八年多所写的诗文和书信，特别是他弥留之际的表现来看，笔者对他已实证"有八味丸，迥脱根尘，见性自在，不随根坏"境界尚存一定疑问。

佛教认为，"言语不诚实，欺骗他人，叫做妄语。于圣道中，未得言得，未证言证，或说我受天龙鬼神的供养等语，以诳愚人，以取利养，皆名大妄语"②。笔者不敢断定马一浮对蒋苏盦所说的就是"大妄语"，但确实替他捏了一把冷汗。他说自己"老年视力已竭""自此屏除俗书"，但后来的事实证明，他并未"屏除俗书"。其自题壁云"离形生知，收视返听；捐书绝学，息虑忘缘"，亦未全部落到实处。1965年，马一浮已经是年过八旬的高龄老人了，竟然全年作诗123首。1967年，去世前不到六个月，他还"留下诗作十六题二十五首"。在世俗学问

---

① 参见《坛经·机缘品第七》。

② 陈义孝编：《佛学常见词汇》，台湾文律出版社1984年版，第122页。

的角度来看，这是名副其实的"笔耕不辍"，当然值得赞誉；但从"祛习复性"的修道角度来看，又未尝不是梁漱溟所说的"任从情趣而怠于反己之实功"。其"自题壁"已是文人习气，告知蒋苏盦则不免自鸣得意，末了还不忘跟东晋的中书侍郎张湛（字处度）一比高下。"似比张处度告范武子之言为精"，其争强好胜之心溢于言表。此便是老子所谓"自见者不明，自是者不彰"，阳明所谓"胜心客气"。由于他所住的蒋庄是蒋苏盦的别墅，在1958年那样的政治形势下，很难说他这封信没有稳住蒋对他的信仰的意图，否则很难解释他不经人问而自曝境界的做法。佛教高僧大德，通常都会韬光养晦而行其"四摄度"，一旦境界暴露，往往迅速入灭。如梁漱溟就是在告知世人自己前世是位禅师的秘密后不久去世的，中国佛教协会会长赵朴初先生还专门为他写了一首长诗，称赞他是"藏身人海最后露一鳞"[1]。

1967年3月25日（花朝），马一浮在基本失明的情况下，还"瞑书"被后世称作"绝笔诗"的《拟告别诸亲友》：

> 乘化吾安适？虚空任所之。形神随聚散，视听总希夷。
> 沤灭全归海，花开正满枝。临崖挥手罢，落日下崦嵫。

从这首"绝笔诗"的手迹来看，字迹虽然尚可辨认，但字

---

[1] 参见《赵朴初韵文集》，上海古籍出版社2003年版，第592页。

距行距明显失控，足见他当时有多勉为其难。这首"绝笔诗"让笔者想到了他的好友弘一法师（1880—1942）圆寂前所写的"悲欣交集"四个字。

弘一法师当初是受他的影响才出家的。"悲欣交集"是弘一法师在圆寂前三天写的，《拟告别诸亲友》是马一浮在去世前两个多月写的，都是绝笔和手泽，其中境界自有知者。马一浮在最后一次住进医院前写下这首绝笔诗，是世俗所说的"做最坏的打算"，还是佛教所谓"预知时至"？如果是后者，那他弥留之际所表现出来的凡情执著又该作何解释呢？他一生写的那么多表现超脱的诗文，在这生死大考面前似乎未能兑现。古德云"依文解义，三世佛冤""喜演文字相，翻成般若障"，值得"志于道"者引以为鉴。

第五章

『树我邦国，天下来同』：马一浮的文化自信

1980年6月10日，浙江省人民政府办公厅为马一浮补开追悼会，标志着马一浮重新获得官方的认可。1987年6月2日，浙江省政协等二十个单位联合举办了"马一浮先生逝世二十周年"纪念活动，标志着马一浮重新受到社会各界的关注。1988年安徽美术出版社出版了《马一浮书法选》，标志着马一浮的作品重新进入中国大陆出版界。1991年杭州师范学院（现杭州师范大学）成立了"马一浮研究所"，标志着马一浮研究受到中国大陆高等院校的重视。1996年《马一浮集》和2013年《马一浮全集》的相继出版，标志着马一浮之学在中国学界开始热络起来。尤其是《马一浮全集》的出版，必将助力越来越多的人认识马一浮其人其学的当代价值。

有意思的是，马一浮先生在20世纪80年代的"复出"过程，正好与20世纪80年代中期在我国发生的"文化热"和90年代悄然兴起的"国学热"同步。马一浮作为"深窥百家之奥而世人莫知其姓名"的国学大师，在他去世后不到二十年的时间里，竟然由"20世纪师儒中的一个真正的隐者"逐渐变成"文化热"和"国学热"中的主角之一，这个现象本身就已经折射出其人其学的历史意义，值得深入研究。

世界近代史，可以说是一部被西方文化定义的历史。中国的近代化，在相当长的历史时期也是"师夷长技以制夷"的西方化。在这样一个西方化的历史叙事中，西方文化优越论一路高歌猛进，以至出现弗朗西斯·福山（Francis Fukuyama）所谓的"历史终结论"；中国文化落后论也曾甚嚣尘上。一度，我国的民族自卑与文化自卑几乎弥漫于整个学界与教育界。在这样的历史背景下，马一浮其人其学被斥为"自大之病"，并以其鲜明的"文化保守主义"特征而长期被中国现代学术史拒之门外，也就不难理解了。但随着中国的悄然崛起，由西方文化定义的历史必将因中华文化的伟大复兴而终结。

## 一、面对变局应有文化之自信

"XX年未有之大变局"这种句式，最早可以追溯到李鸿章于19世纪70年代所言之"此三千余年一大变局也""实为数千年来未有之变局"①。李鸿章这类表述，指的是中国数千年来未曾遇到过的由海洋强国所代表的西方现代工商业文明及其构成的现实威胁。他所说的"变局"，是中华文明遭西方文明入侵。他的意图是，与其被强迫改变，不如主动应变，故请求清廷推行变法、培养和取用懂西方文化的新型人才以防御帝国主义的侵略。但腐朽的清廷对"此三千余年一大变局"还是见识太浅、反应太慢，结果不仅丢了政权，而且让中华民族蒙受了近百年的深重灾难。

百余年来，尽管知识界和思想界乃至社会大众的民族自卑和文化自卑一度极为严重，但还是有不少优秀的知识分子对中华民族和中国文化充满自信，马一浮先生就是其中久负盛名却曲高和寡的一位。尽管曲高和寡，但他还是像"雪里红梅"一样倔强地开在孤山断桥边，"破腊冲寒犹往昔，花香不共世情疏"。他坚信作为人类至真至善至美的中国文化，终有一天能重新傲视世界。历史事实证明，他的信念是坚强的，他的思想是深邃的，他的眼光是高远的。中华人民共和国诞生以后，中国人民从此站了起来。在不到八十年的时间里，中国已经从"富起来"开始向"强起来"迈进，不仅改写了中国的历史，而且正在改写世界的历史。2017年岁末，"百年未有之大变局"一词不胫而走，迅速成为全国上下的热门话题。这个"大变局"，

---

① 两句分别出自李鸿章《筹议制造轮船未可裁撤折》和《筹议海防折》。参见王承仁、刘铁君：《李鸿章思想体系研究》，武汉大学出版社1998年版，第24页。

与李鸿章所说的"大变局"词语相同而本质迥异。"百年未有之大变局"，主要是指世界多极化、经济全球化、社会信息化、文化多样化深入发展，新一轮科技革命和产业变革蓬勃兴起，全球治理体系和格局加速推进，和平、发展、合作、共赢的时代潮流不可阻挡。同时，世界面临的不确定性突出，世界经济增长乏力，单边主义、保护主义、霸权主义抬头，数字鸿沟和贫富差距扩大，极端主义和恐怖主义蔓延，网络安全、重大传染性疾病、气候变化等全球性挑战上升。其变化"是现代化发展路径从一元走向多元的转变，也是社会主义从遭遇严重挫折向21世纪焕发蓬勃生机的转变"[1]，更是中国人民面对西方时从普遍自卑逐步向自强自信的转变。

更有学者结合最新的世界格局变化大势，在"百年未有之大变局"的基础上进一步提出了"五百年未有之大变局"。五百年来海权国家主导世界的时代，正在因中国的重新崛起而开始出现变革。新时代以来，中国的"一带一路"倡议正在把欧亚大陆连接成一个整体。中国正用"正德、利用、厚生、惟和"的中国文化改变西方文化独霸天下的局面。

在"百年未有之大变局"背景下，中国文化的复兴呈现出多维度、多层次的演进态势，这一伟大的历史进程既包含对传统文化的创造性转化，也体现为现代文明形态的创新性发展。

---

[1] 参见孙宝华：《"百年未有之大变局"的背景、内涵与因应》，载《党政论坛》2021年第2期。

而马一浮"汇纳众流，昭苏群惑"的苦心孤诣不仅是这种创造性转化和创新性发展的先声，而且是其不可或缺的重要组成。

## 二、梁漱溟与罗素的先见之明

事实上，这个"大变局"，早在20世纪20年代就有几位高瞻远瞩的学者有所预见。最早有所预见的应该是梁漱溟先生。他在1921年出版的《东西文化及其哲学》中谈其"世界文化三期重现说"时，开宗明义："质而言之，世界未来文化就是中国文化的复兴。"①此后他一直坚持此见，从未动摇过。1965年，他依然断言："在世界最近未来，继欧美征服自然利用自然的近代西洋文化之后，将是中国文化的复兴。"②在1975年7月完成的《人心与人生》一书中，梁漱溟还是反复强调说："世界最近未来是古中国文明之复兴。"

与梁漱溟遥相呼应的是英国学者伯特兰·罗素（Bertrand Russell，1872—1970）。他在20世纪20年代出版的《中国问题》一书中说："如果亚洲能联合成一体，这个集团恰能强于保护自身而弱于攻击他国，这就是和平。因此，如果真出现这样的结果，整个人类的利益都求之不得的。"③罗素认为，"中国人完全

---

① 《梁漱溟全集》第一卷，第525页。
② 《梁漱溟全集》第七卷，第136页。
③ 罗素：《中国问题》，秦悦译，经济科学出版社2013年版，第139页。下引罗素语尽出自此书，不再标注出版社和版次。

可能贡献给世界一种可与其过去所贡献的媲美的新文化"①。罗素的这些话绝不只是表面的恭维与美好的祝愿，而是建立在睿智的洞察和博爱心灵上的远见卓识。他可能是20世纪西方学者中最早发现"中国文化软实力"者之一。他说：

> 他（孔子）的体系，由他的追随者发展之后，成为一种纯属道德而非教条的体系；这个体系没有造就强大的僧侣队伍，也没有导致宗教迫害。它却理所当然地成功地造就了一个言行得体、彬彬有礼的民族。中国人的礼节也不仅仅是因袭传统；就算遇到从未碰到的情况，也会很自然地做到礼让。这种礼节也并非限于某一阶层，就是社会最底层的苦力也是如此。我们羞愧地看到，中国人用礼节在对待白人的蛮横无礼，他们并没有自我贬低到去用粗鲁回敬粗鲁。欧洲人经常视之为软弱，但这其实是真正的力量。依靠这种实力，中国最终征服了最初用武力征服中国的一切征服者。②

他亦对中国充满信心：

> 中国人不像白人那样，喜欢虐待其他人种。中国在国

---

① 《中国问题》，第141页。
② 《中国问题》，第149—150页。

际上的贫弱，大多数人都以为政治腐败是唯一的原因。其实，"不恃"、"不宰"的美德应该与政治腐败一样负相同的责任。如果在这个世界上有"骄傲到不屑打仗"的民族，那就是中国。中国人天生宽容而友爱，以礼待人，希望别人也投桃报李。只要中国人愿意，他们可以成为天下最强大的国家。[1]

罗素意识到中国人伟大、深厚的宽容与慈爱的精神，并将四大文明古国唯独中国生存下来的原因归结于这种宽厚慈爱的精神。他说：

　　中国人的宽容，欧洲人根据本国经历是无法想像的。我们自认为宽容，但只不过比我们的老祖宗显得宽容一些罢了。但是在政治上、社会上仍实行各种压迫，称不上宽容。更严重的是，我们深信自己的文明和生活方式远胜于其他民族。如果遇到像中国这样的民族，就认为对他们最慈善的举动莫过于让他们全盘接受我们的文明——这真是大错特错。我认为，一个普通的中国人可能比英国人贫穷，但却比英国人更快乐。这是为什么呢？因为他们国家的立国之本在于比我们更宽厚、更慈善的观念。无休止的好勇斗狠不仅产生了明显的恶果，还使我们不知足，不能享受

----

[1]《中国问题》，第153页。

美，使我们失去思考的美德。从这一点来说，在过去的一百年里，我们是迅速地退步了。毋庸讳言，中国的弊病正趋于另一个极端；但是，正由于这个道理，中西交流对双方都有好处。他们可以从我们这里学到必不可少的实用的效率；而我们则可以从他们那里学到一些深思熟虑的智慧，这种智慧使其他古国都已灭亡之时，唯独中国生存了下来。①

罗素也意识到中华民族"冷静安详的尊严"与同化异族的无与伦比的忍耐精神。他说：

中国人，从上层社会到底层百姓，都有一种冷静安详的尊严，即使接受了欧洲的教育也不会毁掉。无论个人还是国家，他们都不自我肯定；他们的骄傲过于深厚，无须自我肯定。虽然也承认兵力上敌不过外国列强，但并不因此而认为先进的杀人方式是个人或国家所应重视的。我觉得这是因为他们都在心底里自信中国是世界上最伟大的国家，拥有最完美的文明。西方人无法接受这种观点，因为这是基于各自完全不同的传统。但人们会逐步认识到这个观点无论如何不荒谬。事实上，它是一脉相承的价值观的逻辑结果。典型的西方人希望自己成为尽可能多地改变所

---

① 《中国问题》，第154—155页。

处环境的原因；典型的中国人则希望尽可能多地享受自然环境之美。这个差别就是中国人和英语国家的人大相径庭的深层原因。①

他还说：

　　中国人的性格中最让欧洲人惊讶的莫过于他们的忍耐了……他们的思考不是以十年为单位，而是万年。他们曾经被征服过，最初是蒙古人，后来是满族人，但两次都同化了征服者。中国文明未经变化地保存了下来；几代人之后，征服者比中国人还中国人。②

　　基于对中华民族与中国文化精神的认识，即便在中国风雨飘摇、面临亡国灭种的历史关头，罗素依旧不失对中国前途的乐观态度与坚强信心。他说：

　　中国人的实力在于四万万人口，在于民族习惯的坚韧不拔，在于强大的消极抵制力，以及无可比拟的民族凝聚力——虽有内战但只是表面现象——足以蔑视武力手段，等待他们的压迫者那丧心病狂的精力在互相残杀中耗尽。③

① 《中国问题》，第160页。
② 《中国问题》，第163—164页。
③ 《中国问题》，第164页。

罗素在中国人的人生观中，看见了真正人性的品质与力量。他特别看重中国人艺术化、审美化的人生观，并将它同西方功利化、权力化的人生观进行了对比。他说："在艺术上，他们（中国人）崇尚精细；在生活中，他们追求公理。中国人并不赞赏粗鲁的莽汉和不加限制的感情表达。刚刚远离西方尘嚣的人，一时难免乱了方寸，不知就里；等到时间久了，就能逐渐感受到中国人的生活美满可贵，所以在中国住的时间最长的外国人就是最热爱中国的人。"①而西方人"之所以喜欢进步，十有八九是由于喜欢权力，欣赏这样一种感觉：我们一声令下，事情就发生了变化"②。

罗素认为，中国人对于知识的态度也明显优越于西方。他说：

> 中国人向西方寻求的是知识，他们认为这是通向智慧的大门（其实未必）；西方人到中国去无非三个目的：打仗，赚钱，传教。虽然第三种动机具有理想主义的美德，并激励了许多英雄，但这三种人——军人、商人、传教士都是强迫世界采纳我们的文化，或多或少抱有强硬的态度。中国人却没有强迫欧洲人接受儒教的念头。③

①《中国问题》，第149页。

②《中国问题》，第160页。

③《中国问题》，第154页。

中国至高无上的伦理品质中的一些东西，现代世界极为需要。这些品质中我认为和气是第一位的。以公理为基础而不是以武力去解决争端。①

总之，在罗素看来，中国文化相对于西方文化的最大优势在其不同于西方的人生观。他殷切希望中国能尽快学到西方的科学技术，实现国家的独立自主，并在此基础上凭借其人生观上无与伦比的优势为人类开创文明新局。"如果中国不采用军国主义，将来所产生的新文明或许比西方曾经产生的各种文明更好。"②

他从五四青年身上看到了中国未来的希望。他说：

他们所追求的目标不仅与中国有密切关系，还应该同世界有重大关系。如果中国能免受外国的戕害，那么，从现在起，这一复兴的精神可以发展出一种较世界上任何文化都更加优秀的文化。这就是"少年中国"所应该定立的目标：保存中国人的文雅、谦让、正直、和气等特性，把西方科学的知识应用到中国的实际问题中。③

值得一提的是，罗素对中国之观点虽然乐观，却又不失其

---

① 《中国问题》，第167页。

② 《中国问题》，第165页。

③ 《中国问题》，第198—199页。

作为哲人的谨慎。所以他在不遗余力地表达他对中国的热爱、赞赏与希望之余，也不忘善意地提醒。他说：

> 如果中国人采纳西方人的人生观，那么，当他们有能力抵御外侮之时就会走上帝国主义的道路。那时，汉唐时代远征中亚细亚的历史又将重演，或许仿效忽必烈而去攻击日本。他们将利用天然资源，在国内造就几个脑满肠肥的富豪，而在国外却让上百万的人饥饿而死。这就是西方人利用科学造成的结果。如果中国误入迷途，以蛮横的霸权为无上的光荣，那么即使表面上看能击退仇敌，但实质已经为仇敌所屈服了。世界列强如果仍然好勇斗狠，那么，随着时间的推移和科学的进步，破坏的程度也越来越大，终将自取灭亡。如果中国加入这种失去理智的行列，那就会与它们同归于尽；如果中国的改革者在国力足以自卫时，放弃征服异族，用全副精力投入于科学和艺术，开创一种比现在更好的经济制度，那么，中国对世界可谓是尽了最恰当的义务，并且在我们这样一个令人失望的时代里，给人类一个全新的希望。我愿以此来唤起"少年中国"，因为这一希望并非遥不可及，正因为这一希望是能够实现的，所以中国人应该受到所有热爱人类的人们的极高崇敬。[1]

---

[1]《中国问题》，第199页。

罗素的《中国问题》一书，对于当时的世界尤其是当时的西方，无疑是孤明先发。少有人能理解他对正在被自卑困扰的中华民族和中国文化的异乎寻常的信心，即便是他寄予厚望的"少年中国"，也很少真能理解他对中华民族和中国文化的远见卓识。如果说罗素是"五百年未有之大变局"的第一个西方吹哨者，梁漱溟则是与他遥相呼应的中国智者。《梁漱溟全集》有231次提及罗素。罗素的《中国问题》出版不久，梁漱溟就拜读其文，而且还翻译了其序言以及他认为精彩的段落。在对中国文化的认识上，梁先生之于罗素可谓惺惺相惜的知音，以至于他情不自禁地说："呜乎！贤矣，罗素！伟矣，罗素！即此言其当受吾人极高之推崇。如我向者之所测，世界未来文化正是中国文化之复兴。"①

与梁漱溟对罗素予以"极高之推崇"不同，年龄小罗素近一轮的马一浮对罗素却是抱一种俯视的态度。他是在与弟子王星贤（字培德）、刘锡嘏（字公纯）等谈论种族时偶然谈及罗素的。马一浮从中国的姓氏、门阀、阶级逐步淡化的历史经验出发，预言"今日国际种族之界限，将来亦终当消灭"。他由此联想到他当年翻译过的意大利人路易斯·博洛尔的《政治罪恶论》。博洛尔认为"政治便是罪恶"，这让马一浮想起了"罗素对于现代国家亦深致不满，托尔斯泰亦然"。他说："所惜者，彼等于中土圣人学术大本大源尚无所见，有如佛经所谓边僻之

---

① 《梁漱溟全集》第五卷，第115页。

人不得闻佛法者然。使此等人可以多得数辈，不过三言两语，可以开悟。"①

马一浮对于罗素的态度是不免自信稍过而略带傲慢与偏见的。在笔者看来，罗素之所以能从根本上"对于现代国家亦深致不满"，恰恰因为他"于中土圣人学术大本大源"不无"所见"。罗素发现中国在西方学术语境中并非严格意义上的"国家"。他说："与其把中国视为政治实体还不如把它视为文明实体——唯一从古代存留至今的文明。从孔子的时代以来，古埃及、巴比伦、马其顿、罗马帝国都先后灭亡，只有中国通过不断进化依然生存，虽然也受到诸如昔日的佛教、现在的科学这种外来影响，但佛教并没有使中国人变成印度人，科学也没有使中国人变成欧洲人。"②将中国视作"文明实体"而与作为"政治实体"的民族国家区分开来，具有十分重要的意义。中国作为"文明实体"而非"政治实体"的国家形态，在民族国家强力角逐的历史中曾经备受诟病。疆界不明，国土意识不强，对内涣散，对外软弱，不一而足。然而随着人类文明的进步，这种国家形态可能因其"落后的优势"而在当今世界格局中发挥其无可替代的作用。③罗素之所以能发现中国国家性质的独特性，不仅因为他"持续不断地捍卫人道主义理想与思想自由，并以其多样且深具影响力的作品展现了对人类道德与智性困境

---

① 参见《马一浮全集》第一册，第678页。

② 《中国问题》，第164页。

③ 参见邓新文：《略论"一带一路"与中国精神》，载《杭州学刊》2016年第4期。

的深刻关怀"①，还因为他对中国文化的"大本大源"有非同凡响的领悟。马一浮如果读过罗素的《中国问题》一书，当能发现罗素对于中国文化的礼赞绝不是表面的逢迎而是孤明先发的知根知底，因而很有可能会像梁漱溟一样与罗素莫逆于心、遥相呼应。

比较《中国问题》与《马一浮全集》，可以清楚地看到马一浮与罗素的共鸣并不止于"对于现代国家亦深致不满"，在如何看待人性以及如何看待传统与现代、中国与西方等诸多方面，两人都有许多"君子所见略同"之处。关于人性，罗素与马一浮都肯定儒家的"性善论"。罗素在通过文献阅读和实际观察，对比了中国人与欧洲人的性格，对"中国人的文雅、谦让、正直、和气等特性"给予了很高的礼赞。他说："外国人在中国生活得愈久，就愈加喜爱中国。"②关于传统与现代，罗素和马一浮都对现代进行了深刻的反思，对传统表达了深切的同情。关于中国与西方，罗素和马一浮都对西方提出了批评，对中国寄予厚望。罗素说他写《中国问题》一书，意在表明中华民族从一种意义上说，是优越于西方人的。进而，罗素认为假若中国为求其民族生存而竟要降低到西方的水平，那对于中国人和西方人都将不是好事情。罗素在中国人的生活中发现了合乎人性的品质与力量，他特别推崇中国人的艺术化、审美化生活情态，

---

① 毛信德主编：《诺贝尔文学奖颁奖词与获奖演说全集》，浙江工商大学出版社2013年版，第218页。

② 参见《梁漱溟全集》第4卷，第205页。

并将它同西方的功利化、权力化人生观进行了鲜明的对照。他认为西方人追求进步是出于对权力和征服的迷恋，而中国人追求进步只是为了更单纯、更和谐地享受生活本身。这与马一浮论"孔颜之乐"的理趣颇为相似。罗素认为西方文化的显著特点是科学方法，中国文化的显著特点则是对人生终极意义的正确认识。中国文化虽然曾一度缺少科学，但从无任何敌视科学的意向。"因此，在其普及科学知识的路上不会有如往者欧洲各教会所为阻碍的那样。"[1]这与马一浮将科学技术统摄于《易》以及"科学是器，非道也"的看法颇为相通。罗素寄希望于中国的新青年们继承中华民族的优良传统，学习西方科学技术与管理效率，为人类开创文明新局，并呼吁"中国人应该受到所有热爱人类的人们的极高崇敬"[2]。这与马一浮认为中国文化是人类至真至善至美的文化自信可谓"英雄所见略同"，与马一浮所说"世界人类一切文化最后之归宿必归于六艺，而有资格为此文化之领导者，则中国也"[3]可谓遥相呼应、相得益彰。

当然，马一浮与罗素的分歧也不可忽视。在面对古今中西的问题上，罗素是明显的"调和论"，马一浮却是近乎原教旨主义的"六艺统摄一切论"。马一浮与罗素虽然均重视传统伦理的价值，但前者坚持"以中化西"的中国本位，后者主张"中西调和"的现代化。罗素持多元文明观，认为中西文明可以互鉴

---

① 《梁漱溟全集》第4卷，第203页。

② 《中国问题》，第199页。

③ 《马一浮全集》第一册，第20页。

互学，中国可既保留优秀的伦理传统，同时吸收西方先进的科学技术，他甚至断言："没有科学，中国将无法独立于列强。"马一浮则强调"返本开新"，强调"天下之事，莫非六艺"，"莫非天理之流行"，一言以蔽之，莫非道德。他认为西方科学属于"器用"层面，不可与儒家心性之学相提并论。与时人推崇西方文化的科学与哲学不同，马一浮高扬中国文化的道德心性旗帜。他说："时人所标真理，只是心外有物，自生计较，是以求真反妄。科学家可以语小，难与入微。哲学家可与析名，难与见性。"[①]事实证明，罗素的兼顾调和论似乎更合乎中国社会历史的实际。罗素之所以被"视为我们这个时代的先知"，就因为他颇能准确地预言几十年之后的社会现实。梁漱溟在其1972年所写《旁观者清——记英国哲人罗素五十年前预见到我国的光明前途》一文中，就对罗素五十年前对新中国的预测得到应验深感钦佩。他说："（《中国问题》）书中于中国民族性格、社会风尚极有同情的认识，于吾国传统文化亦复相当了解，从而于吾国前途若预见其光明将必不可掩者，果然在其五十年后遂有今日新中国应验出现。信乎哲人所见之为不可及也。"[②]由此可见，返本与开新是辩证统一的关系，不可割裂。一味地返本或一味地求新，终究事与愿违。这是当今面对"百年未有之大变局"谋求中华民族伟大复兴时，必须谨记的道理。

---

① 《马一浮集》第二册，第525页。

② 《梁漱溟全集》第4卷，第202页。

在 2023 年 6 月 2 日举行的文化传承发展座谈会上，习近平总书记强调要"深刻把握中华文明的突出特性"和"深刻理解'两个结合'的重大意义"。习近平总书记指出："在五千多年中华文明深厚基础上开辟和发展中国特色社会主义，把马克思主义基本原理同中国具体实际、同中华优秀传统文化相结合是必由之路。"他明确指出，"'两个结合'是我们取得成功的最大法宝"，特别指出"第二个结合"是中国共产党"对马克思主义中国化时代化历史经验的深刻总结，是对中华文明发展规律的深刻把握"，表明中国共产党"对中国道路、理论、制度的认识达到了新高度"，"历史自信、文化自信达到了新高度"，"在传承中华优秀传统文化中推进文化创新的自觉性达到了新高度"[1]。历史地看，中国共产党的这三个"新高度"都汇聚了中

---

[1] 参见习近平：《在文化传承发展座谈会上的讲话》，人民出版社 2023 年版，第 2—9 页。

华民族的集体智慧。事实上，马一浮百年前就以他的方式对座谈会所说的"两个结合"特别是"第二个结合"的必要性和重大意义做了很好的阐述。他对中国道路、理论、制度的认识极其深刻，他的历史自信、文化自信坚如磐石，他在传承中华优秀传统文化方面功不可没。只因见识比较超前，长期曲高和寡，但随着中国的崛起和文化自信的恢复，他的远见卓识必将被越来越多的人认同。

## 一、研究马一浮有助于"深刻把握中华文明的突出特性"

习近平总书记在文化传承发展座谈会上讲的第一个问题就是"深刻把握中华文明的突出特性"，指出中华文明具有五个突出的特性：连续性、创新性、统一性、包容性、和平性。研究马一浮，有助于深刻把握中华文明的这些突出特性。

深刻把握中华文明突出的连续性。习近平总书记指出，"中华文明是世界上唯一绵延不断且以国家形态发展至今的伟大文明"[①]。中华文明之所以能一直绵延不断，具有突出的连续性，与历代学者的自觉传承是分不开的，尤其是在亡国灭种甚至"亡天下"的危难时期。马一浮便是其中的杰出人物之一。近代以来，面对一浪高过一浪的反传统文化浪潮，他一直苦心孤诣，默默坚守，为中华文化在近现代的传承发展做出了不可磨灭的

---

[①]习近平：《在文化传承发展座谈会上的讲话》，人民出版社2023年版，第2页。

贡献。他青年时期就"志于二宗",立下了传承中华文化的雄心壮志。在浙江大学和复性书院所讲及所刻印的书籍,都是他传承中华文化的实际行动。他不仅有传承中华文化的坚定信念,而且在传承中华文化上有卓越的建树。避难泰和时,他为浙江大学师生演讲,言及先贤的"横渠四句教":"为天地立心,为生民立命,为往圣继绝学,为万世开太平。"他主持复性书院时,担心战火毁灭古籍善本,指导书院多方搜集、校勘刻印。抱着"多刻一板,多印一书,即使天壤间多留此一粒种子"的信念,他几次卖字筹款以刻书。他还培养了一大批能够传承中华文化的优秀人才。"现代新儒家"的第一代中就有不少人受过他的点拨,第二代中不少人师从过他。研究古典文学和书法篆刻的许多著名学者也都做过他的学生。浙大校歌中"靡革匪因,靡故匪新"两句,更是以毋庸置疑的态度和文理并茂的形式将历史的辩证法昭告世人:没有一种变革和创新不是建立在继承传统的基础之上。

深刻把握中华文明突出的创新性。马一浮所说的创新,主要是"日新之谓盛德"的创新,是"革新全人类习气上之流失,而复其本然之善,全其性德之真"[①]。他到浙大讲学伊始就特别强调,此学"当温故知新,不可食古不化"。他反复告诫学子:"六艺之道是前进的,决不是倒退的,切勿误为开倒车;是日新

--------

① 《马一浮集》第一册,第23页。

的，绝不是腐旧的，切勿误为重保守。"①他所说的创新，是遵循"靡革匪因，靡故匪新"的历史辩证法的真创新，反对"尊今而蔑古，蔽于革而不知因"的假创新。然而，尽管马一浮反对自我标榜的"创新"，其学术思想还是有许多发先贤之未发的创造。例如，当他提出"举六艺明统类是始条理之事"命题时，就有朋友来信规诫"先儒不曾如此，今若依此说法，殊欠谨严，将有流失，亟须自己检点"云云，马一浮则坚定捍卫"统类"新说。②又如，"易"有三义"一变易，二不易，三简易"乃汉代就已经开始流行的说法，马一浮运用宋明理学的"理""气"概念与佛学的"断""常"名相，对此做了创造性的阐发。他说："学者当知气是变易，理是不易。全气是理，全理是气，即是简易。只明变易，易堕断见；只明不易，易堕常见。须知变易元是不易，不易即在变易，双离断常二见，名为正见，此即简易也。"他还特别注明这是他"楷定之义，先儒释三义未曾如此说。然颇简要明白，善会者自能得之"。③类似的创新还有很多。

深刻把握中华文明突出的统一性。关于中华文明的统一性，习近平总书记强调"中华文明长期的大一统传统"，指出"国家统一永远是中国核心利益的核心"。事实上，"中华文明长期的大一统传统"不只是一种"政统"，更是一种"道统"。孔子

---

① 《马一浮集》第一册，第23页。

② 参见《马一浮集》第一册，第24—27页。

③ 《马一浮集》第一册，第38页。

曰："道二：仁与不仁而已矣。"孟子曰："夫道一而已矣。"中华文明在政治上的大一统传统之所以能长期维系，恰恰是因为在其"政统"之上有更受尊崇的"道统"。"得人心者得天下"，"得道多助，失道寡助"，"善则得之，不善则失之"，这些经典古训都在告诫我国历代政治家国家团结统一的基础是政权的合道性，故曰"政者正也"。在马一浮看来，政治的统一性只有建立在政权的正大光明上才能靠得住。他在《论语大义·春秋教》中对此有深刻的论述。他说："《春秋》之大用在于夷夏、进退、文质、损益、刑德、贵贱、经权、予夺，而其要则正名而已。'必也正名'一语，实《春秋》之要义……正名也者，正其心也，心正则致太平矣。"①马一浮的"六艺一心论"强调"六艺该摄古今中外一切学术"及"六艺统摄于一心"，其政治思想强调"祖述尧舜，宪章文武"，"为政以德，为国以礼"，此皆为对中华文明的统一性的重要阐述。

深刻把握中华文明突出的包容性。从马一浮的六艺一心论和政治思想中，可以清晰地看出中华文明的包容性。既然古今中外一切学术、一切言行都可以统摄于六艺与一心，还有什么是中华文明不能包容的呢？《浙江大学校歌》的第一句就是"大不自多，海纳江河。惟学无际，际于天地"，最后一句是"树我邦国，天下来同"。这首校歌写于躲避战乱途中，却没有渲染民族仇恨，而是勉励学子海纳江河、学贯天人，"兼总条贯，知至

①《马一浮集》第一册，第196页。

知终""尚亨于野，无咎于宗"，彰显了中华文化自强不息、厚德载物的宏大气象。值得一提的是，马一浮所把握的中华文明包容性与他本人的包容性不能混为一谈。他所把握的中华文明的包容性不是为包容而包容，而是建立在"一性融通一切性""人同此心，心同此理"的性理基础上的是非分明的包容。马一浮的性格中确实有不够包容的一面，这是由其特殊的气质、成长环境和对程朱理学的拘执所致，与他所把握的中华文明包容性并不矛盾。不了解这一点，便会误解他对西方文化和世俗文化的批判是中华文明不够包容的表现。

深刻把握中华文明突出的和平性。马一浮一生致力礼乐自修与礼乐教化，是典型的"骄傲到不屑打仗"的中国士人。他主张道德感化，反对武力征服。他说："'天地感而万物化生'，仁之功也；'圣人感人心而天下和平'，《诗》之效矣。"①在复性书院讲《论语大义》时，他用了三章的篇幅来讲礼乐教大义，贯穿始终的都是礼敬对方、和而不同的和平精神。《乐记》曰："乐至则无怨，礼至则不争。"儒家之教，"兴于诗，立于礼，成于乐"，诗教主仁，礼教主敬，乐教主和。马一浮说："《论语》中凡言'不争'者，皆《礼》教义；凡言'无怨'者，皆《乐》教义。"中华文化教人谦己敬人，反对好为人师；强调以身作则，反对"强人从己"；主张"修德以来远人"，反对武力和文化的侵略；赞同"行有不得，反求诸己"，

①《马一浮集》第一册，第163页。

反对怨天尤人。这些都是马一浮所弘扬的中华文化精神，也是他一生待人接物的自觉遵循。他一生温文尔雅，谦恭有礼，从不公开与人起冲突。日军入侵，国破家亡，被迫参与"文军长征"，但马一浮所写《浙江大学校歌》却没有宣扬仇恨、鼓吹武力，通篇都是中华礼乐文明"和顺积中而英华发外"的高贵和庄严，印证了罗素所谓"如果在这个世界上有骄傲到不屑打仗的民族，那就是中国"的判断。值此"世界百年未有之大变局"，人类随时都有可能走向毁灭。诚如诺贝尔奖获得者汉内斯·阿尔文博士所说："人类要继续生存下去，就必须回到二十五个世纪以前，去汲取孔子的智慧。"①

## 二、研究马一浮有助于"全面深入了解中华文明历史"

习近平总书记在文化传承发展座谈会上指出："中华民族具有百万年的人类史、一万年的文化史、五千多年的文明史……中国文化源远流长，中华文明博大精深。只有全面深入了解中华文明的历史，才能更有效地推动中华优秀传统文化创造性转化、创新性发展，更有力地推进中国特色社会主义文化建设。"②中华文明如此历史悠久，如此博大精深，其文献浩如烟海，想要全面深入地了解殊非易事。马一浮可以说是中国千年

①顾犇：《〈论语〉在海外的传播》，载《国家图书馆馆刊》1999年第2期。
②习近平：《在文化传承发展座谈会上的讲话》，人民出版社2023年版，第1页。

出一回的读书天才，其慧悟之高、学养之深，百年中国学林难有敌手。他说："说理须是无一句无来历，作诗须是无一字无来历，学书须是无一笔无来历，方能入雅。"[1]没有过人的学养和底气很难说出这样的话来。

熊十力称赞马一浮"沉潜周孔六艺之场，贯穿华梵百家之奥，践履敦实，义解圆融"，贺麟称赞他"兼有中国正统儒者所应具有之诗教、礼教、理学三种学养，可谓为代表中国文化的仅存的硕果"，梁漱溟称其为"千年国粹，一代儒宗"，都是相当高的评价。可以毫不夸张地说，马一浮六艺一心论和政治思想是"全面深入了解中华文明历史"的重要助力。今日之世界乃知识大爆炸时代、云数据时代，文明互鉴将越来越频繁、越来越重要，如何做到既开放包容，又不随波逐流？马一浮的六艺一心论便提供了一个很好的样板。值此中华民族和中华文化伟大复兴之际，重温马一浮九十多年前的宏论，其学养之深，慧悟之高，义理之精湛，阐述之透彻，堪称三千年来中国学术的精彩总结。

## 三、研究马一浮有助于"坚定历史自信、文化自信"

文化自信是道路自信、理论自信、制度自信的基础。党的十九大报告明确指出："文化是一个国家、一个民族的灵魂。文化兴国运兴，文化强民族强。没有高度的文化自信，没有文化

---

[1]《马一浮全集》第二册，第106页。

的繁荣兴盛，就没有中华民族伟大复兴。"党的二十大报告又进一步强调"我们必须坚定历史自信、文化自信"。2023 年，习近平总书记在文化传承发展座谈会上明确指出："自信才能自强。有文化自信的民族，才能立得住、站得稳、行得远。中华文明历经数千年而绵延不绝、迭遭忧患而经久不衰，这是人类文明的奇迹，也是我们自信的底气。坚定文化自信，就是坚持走自己的路。坚定文化自信的首要任务，就是立足中华民族伟大历史实践和当代实践，用中国道理总结好中国经验，把中国经验提升为中国理论，既不盲从各种教条，也不照搬外国理论，实现精神上的独立自主。要把文化自信融入全民族的精神气质与文化品格中，养成昂扬向上的风貌和理性平和的心态。"[1]

回顾最近百年的中国历史，马一浮无疑是坚定文化自信的杰出代表。他说："西方哲人所说的真、美、善，皆包含于六艺之中，《诗》《书》是至善，《礼》《乐》是至美，《易》《春秋》是至真。"[2]他还说："所谓尽虚空，遍法界，尽未来际，更无有一事一理能出于六艺之外者也。"他甚至断言："天地一日不毁，人心一日不灭，则六艺之道炳然常存。世界人类一切文化最后之归宿必归于六艺，而有资格为此文化之领导者，则中国也。"[3]

马一浮的文化自信，几乎贯穿于他所有的著述，《泰和宜山会语》和《复性书院讲录》在某种意义上就是他对中国文化自

---

①习近平：《在文化传承发展座谈会上的讲话》，人民出版社 2023 年版，第 10 页。

②《马一浮全集》第一册，第 19 页。

③《马一浮全集》第一册，第 20 页。

信的论证。《浙江大学校歌》也可以说是其文化自信的宣言。歌词原文如下：

> 大不自多，海纳江河。惟学无际，际于天地。形上谓道兮，形下谓器。礼主别异兮，乐主和同。知其不二兮，尔听斯聪。
>
> 国有成均，在浙之滨。昔言求是，实启尔求真。习《坎》示教，始见经纶。无曰已是，无曰遂真。靡革匪因，靡故匪新。何以新之，开物前民。嗟尔髦士，尚其有闻。
>
> 念哉典学，思睿观通。有文有质，有农有工。兼总条贯，知至知终。成章乃达，若金之在镕。尚亨于野，无吝于宗。树我邦国，天下来同。

歌词开头两句就揭示了"大学"二字的正义，后面四句拈出中国文化的"道""器""礼""乐"，揭示了中国文化天人合一、礼乐不二的伟大智慧。整首歌词用字庄重典雅，义理正大光明，彰显了中国文化博大精深与开放包容的精神。歌词虽然创作于抗日战争时期的"文军长征"途中，但通篇不见杀伐气，而是洋溢着"开物前民"的担当、"思睿观通"的智慧。最后一句"树我邦国，天下来同"，彰显了一个伟大民族的胸怀和自信。在国破家亡、前途堪忧的时代，没有对中华文化的深切体认，是绝无可能写出如此温柔敦厚、广博易良、雍容豪迈的歌词，拥有如此坚不可摧的文化自信的！

# 后　记

　　我第一次听说马一浮先生大名是在 1997 年元旦。那时我还是中国人民大学哲学系的一名硕士研究生。元旦那天，我到导师安启念教授家里拜年，看见他床上有一份《中华读书报》，上有刘梦溪先生的长文《中国现代学术要略》，其中论马一浮的几句话让我印象深刻。"刚刚过去的这一个世纪大师级的人物中，眼光最锐利的一个人是马一浮。马一浮学养之深和慧悟之高，在二十世纪百年中国学苑里难得有与之相匹敌之人。"惭愧的是，如此人物，我此前竟然闻所未闻，更好奇这样的高人逸士在二十世纪的中国是如何生活的。怀着这样的心情，当年 6 月硕士毕业后我就选择到浙江省委党校工作。记得在浙江省委党校签完协议后，在回北京的火车上我诌了四句偈："我命八字木三重，五行本位在江东；寄篱北京满三载，随缘西湖学钓翁。"其中的"钓翁"，指的就是"隐士儒宗"马一浮。

　　我在中国人民大学哲学系所学专业是马克思主义哲学，但受同寝室孟晓路同学的影响开始接触梁漱溟先生的著作。我读的第一本梁先生之作品是他编著的《礼记大学篇伍严两家解说》，一见如故，相见恨晚，从此对儒家学问产生浓厚的兴趣。我在浙江省委党校工作了四年，花了相当多的时间阅读朱熹的

《四书章句集注》和当时出版不久的《马一浮集》，马先生的妙理动人和文采斐然让我叹为观止。2001年，我去中山大学哲学系师从冯达文教授学习中国哲学，博士论文题目为《马一浮六艺一心论研究》。2004年博士毕业后，我又回中国人民大学师从张立文先生从事博士后研究，研究的课题是"马一浮六艺论与熊十力六经思想的比较"。2006年，我来到杭州师范学院（今杭州师范大学）工作。我申请到的第一个浙江省文化研究工程课题就是"马一浮六艺一心论研究"，课题成果以《马一浮六艺一心论研究》之名出版。2008年拙著出版后，我对马一浮的研究暂时告一段落。后来因为参与吴光先生主编的《马一浮全集》的点校整理工作，我又深入仔细地阅读了一遍《马一浮全集》的第一册和第二册。这次又因为参与吴光先生担纲的"浙学大家"浙江省文化研究工程的重大课题，接手了《六艺一心：马一浮》的写作任务。从完成博士论文至今已二十余年，为了把二十余年来的一些新发现和新思考借此机会发表出来以求教于学界，本书除了第二章介绍马一浮六艺一心论的结构基本沿用旧著外，其余全部是新写的。前后两本书最大的不同，可以用孔子的两句话来概括：前一本"听其言而信其行"，后一本则是"听其言而观其行"。

由于《马一浮全集》在《马一浮集》的基础上增加了大量新的材料，以及学界研究马一浮的学术成果也比二十余年前多了不少，因此在写这本书时我力求客观、平等地看待马一浮的言行。结果发现，马一浮毕竟不是圣人，也有普通人的喜怒哀乐和是非长短。写《马一浮六艺一心论研究》时，我出于对马一浮近乎崇拜的心理，基本上只关注赞许他的言论，对于批评他的说法则未予理睬。在写这本书的过程中，我重点关注了对他的批评意见，尽可能不带偏见地体会批评者的所见所闻、所感所思，发现他们的批评并非空穴来风，也不全是凡情俗见，有些还是相当敏锐和深刻的，不仅不能置之不理，反而值得认真参考。兼听则明，偏信则暗，平心静气地参考这些批评，对于准确评价马一浮其人其学还是很有必要的。由于我德薄学浅，对于马先生的一些批评性看法肯定存在不少"以小人之心度君子之腹"的问题，但扪心自问，我目前确实是如此看的，甚至在某种意义上说，其中很多深层次的问题也是我"见不贤而内自省"的结果。本着"修辞立其诚"的精神，我还是把我看到的这些问题如实地呈现给学界，敬请大家批评指正。

感谢浙江省文史研究馆和吴光先生让我参与"浙学大家"课题组！让我有机会进一步走进马一浮的内心世界，深入思考学术与人生的根本问题。吴光先生耄耋之年，仔细阅读了拙著初稿，提出了许多宝贵的修改指导。孙明波处长也指出了初稿的一些疏误。根据他们的建议，我对初稿做了一次比较大的修改。第二稿完成后，三位匿名评审专家又对本书提出了不少宝贵的修改意见。我又逐字逐句做了三次通篇修改。第五稿上交后，又收到中共浙江省委宣传部的修改要求，我又按照他们的修改要求做了相应的修改。现在呈现给读者的是第六稿。感谢上述各位领导和专家坦诚而中肯的批评指正！借此机会，我还要感谢我的妻子顾莉萍。在我没日没夜赶写和修改本书的一年里，她包揽了全部家务，在生活上给了我无微不至的照顾。编辑王易天晓同志也为本书做了大量工作，在此一并感谢！

年近花甲，我越来越深切地感到梁漱溟先生批评熊十力先生时所说的"任从自己情趣走""明知故犯""自欺自昧"是知识分子身上最隐蔽也最难以克服的积习，这让我深感反躬修己之不易。诚如梁漱溟先生所说："深深地进入了解自己，而对自己有办法，才得避免和超出了不智与下等。——这是最深渊的学问，最高明最伟大的能力或本领。"他恳切地告诉我们："单是求知识，没有用处，除非赶紧注意自己的缺欠，调理自己才行。要回头看自己，从自己的心思心情上求其健全，这才算是真学问，在这里能有一点，才算是真进步。"我愿以梁先生此言自勉，希望能在余下的时间里能有一点真进步。同时，我也衷心祝愿本书的读者在梁先生所说的"真学问"上有"真进步"！

邓新文

2025 年 3 月 8 日